UNITA,
LIBERA, LIETA

MARIO DELPINI

ARCIVESCOVO DI MILANO

UNITA, LIBERA, LIETA

La grazia e la responsabilità di essere Chiesa

Proposta pastorale per l'anno 2021-2022

CENTRO AMBROSIANO

In copertina:
Nicola De Maria, *Santissima Trinità - Anno A*,
Tratto dall'Evangeliario Ambrosiano,
@ Arcidiocesi di Milano

Via Antonio da Recanate, 1 – 20124 Milano
www.itl-libri.com
E-mail: libri@chiesadimilano.it
Tel. 02.6713161

ISBN 978-88-6894-486-5

Introduzione

NELLA TRIBOLAZIONE LA SPERANZA

«Siate lieti nella speranza, costanti nella tribolazione, perseveranti della preghiera». (*Rm* 12,12)

Come attraversiamo il tempo che viviamo, noi discepoli del Signore?

I mesi che stiamo vivendo sono segnati da un'inedita tribolazione: la pandemia ha ferito, sospeso, inquietato tutti i popoli della terra e invaso tutti i Paesi. Il nostro Paese e la nostra terra hanno vissuto mesi così drammatici da sconvolgere tutti gli aspetti della vita e travolgere molte vite. La pandemia è diventata un'ossessione e ha costretto a concentrare l'attenzione sulla cronaca quotidiana e locale, fino a far dimenticare il resto del mondo e le tragedie che continuano a tormentare popoli, famiglie, persone.

Come attraversiamo il tempo che viviamo, noi discepoli del Signore?
Alcuni vivono questo tempo di ripartenza con l'atteggiamento di chi ha chiuso una parentesi e ritorna alla vita normale, alle abitudini consuete, senza nostalgia e senza un incremento di sapienza. Alcuni vivono questo tempo con un'inquietudine che accompagna ogni attività, ogni incontro, sospettando in ogni persona e in ogni luogo un pericolo, rimandando decisioni e iniziative a chi sa quando. Alcuni vivono questo tempo arrabbiati per quello che è stato, per quello che hanno perso e sofferto, contestando responsabili e cercando colpevoli.
Come attraversiamo il tempo che viviamo, noi discepoli del Signore?
I Vescovi delle Diocesi di Lombardia hanno inviato un messaggio ai fratelli e alle sorelle di questa nostra terra, *Una parola amica*, che suggerisce percorsi di sapienza. La situazione difficile in cui ci siamo trovati a vivere non può essere solo una circostanza spiacevole e drammatica da subire. Con la grazia dello Spirito Santo possiamo vivere questo tempo come occasione

per praticare la speranza, testimoniare la carità, restare saldi nella fede. Nel messaggio dei Vescovi di Lombardia sono indicati percorsi che qualificano la situazione come occasione per imparare a vivere, a essere più incisivamente presenti nella vita.

Imparare a pregare: alla presenza del Signore, docili allo Spirito di Gesù, praticando in forme inedite la celebrazione comunitaria, la preghiera familiare, la preghiera personale.

Imparare a pensare: in un contesto di slogan obbligatori e di notizie selezionate per gli interessi di chi sa chi, esercitando un pensiero critico, che si interroga sul senso di quello che capita e sulle responsabilità che ci chiamano.

Imparare a sperare oltre la morte: affermando la fede nella risurrezione di Gesù e nella nostra risurrezione, per contrastare la visione disperata di una mentalità diffusa arrendevole di fronte alla morte, che ritiene saggezza la rassegnazione e cura palliativa la distrazione.

Imparare a prendersi cura: apprezzando le molte forme di solidarietà che in tanti ambiti professionali ed ecclesiali sono sovrabbondate, fino all'eroismo, mettere a frutto quello che si è sperimentato sull'importanza del prendersi cura della persona e non solo dell'incremento tecnico e scientifico della cura.

In questo tempo di prova e di grazia la proposta pastorale intende convocare la comunità cristiana perché non si sottragga alla missione di essere un segno che aiuta la fede e la speranza, proponendo il volto di una Chiesa unita, libera e lieta come la vuole il nostro Signore e Maestro Gesù, che è vivo, presente in mezzo a noi come l'unico pastore e che vogliamo seguire fino alla fine, fino a vedere Dio così come egli è.

I

GENERATI DALLA PASQUA, GUIDATI DALLA PAROLA

1. L'anno liturgico, percorso di conversione e di comunione

La proposta pastorale è l'anno liturgico: la celebrazione del mistero di Cristo, che si distende nel tempo che viviamo, rinnova la grazia della presenza della Pasqua di Gesù, il dono dello Spirito. Le situazioni sempre diverse e imprevedibili diventano, per il discepolo e per tutta la comunità cristiana, occasioni propizie per ascoltare ancora la Parola del Signore, ricevere luce per interpretare il cammino da compiere e forza per dare testimonianza.

Le celebrazioni liturgiche possono radunare la comunità perché sia un cuore solo e un'anima sola,

invitano ciascuno a conformarsi al Signore Gesù, a vivere nella sua gloria, a perseverare nella missione ricevuta. Celebrare non è solo imparare, non è solo motivare l'impegno, non è solo rito, non è solo raduno. È grazia, è opera di Cristo che dona lo Spirito, che insegna, che si fa cibo per la vita, gioia per i cuori. Non possiamo evitare la domanda: come celebriamo i santi misteri? Quale comunità, quale Chiesa si "forma" nella celebrazione? Rendersi disponibile alla grazia che viene offerta dalla celebrazione può essere il frutto della proposta pastorale.
La mia intenzione è di ripercorrere alcuni tratti di quel frutto della celebrazione che è la Chiesa, insistendo sulla relazione personale e comunitaria con Gesù che nelle celebrazioni si rende presente e ancora parla, prega, offre amicizia e salvezza, irradia la sua gloria.

2. «Vi ho chiamato amici» (Gv 15,15)

Quale via si percorre per entrare nel mistero, nella verità di Dio?

Per alcuni forse è stata utile la via dello studio, della riflessione, l'impegno per conoscere la storia del popolo di Israele, il tempo e la vicenda di Gesù, la testimonianza che gli hanno reso gli apostoli.
Per altri forse è stata l'attrattiva degli insegnamenti di Gesù e del suo comandamento, una sapienza che è venuta dall'alto per insegnare un modo di vivere veramente straordinario, paradossale come dice lo scritto *A Diogneto*.
Per alcuni forse è stata la via del dolore, il soffrire, lo strazio: l'annuncio che il Figlio di Dio ha attraversato la drammatica passione e la tragica morte è stata la parola che ha aperto gli occhi. Gli afflitti, i tormentati, gli scarti della vita hanno riconosciuto in Gesù colui che è stato tormentato e scartato, che è sceso fino agli inferi per abbattere l'oppressione della disperazione.
Per tutti è offerta la via dell'amicizia. Tutti sono chiamati a intervenire a quella cena che rende partecipi delle confidenze di Gesù. Chi accoglie l'invito a percorrere la via dell'amicizia sperimenta che la fede è un rapporto personale con lui: in questo rapporto, nel dialogo che ascolta tutto quello che il Signore ri-

vela e che formula le domande e confida gli smarrimenti, il comandamento e la verità si rivelano come il dimorare del tralcio nella vite, piuttosto che come l'indicazione di adempimenti e la consegna di una dottrina. L'amicizia che Gesù offre e chiede non si riduce a un legame affettuoso di simpatia e compagnia: è la scelta di vivere condividendo la sua vita, praticando il suo stile, entrando nella comunione con il Padre che Gesù rende possibile.

La lampada per illuminare i nostri passi è la Parola di Dio che la Sacra Scrittura rende accessibile a chi ascolta con animo semplice e grato. Propongo che per questo anno pastorale 2021/2022 ascoltiamo, leggiamo, meditiamo i capitoli 13–17 del *Vangelo secondo Giovanni*.

Si tratta di testi di straordinaria ricchezza di rivelazione. Tutti abbiamo bisogno di essere aiutati perché la Parola di Gesù, offerta nella testimonianza apostolica, ci illumini, ci purifichi, ci raduni in unità.

Nelle nostre comunità ci sono molte persone che hanno consuetudine con le Scritture, persone che

sono capaci di spiegarle, esperti che sanno chiarire i passi oscuri e approfondire i contenuti. È un servizio importante di cui ognuno di noi ha bisogno.
Non è chiesto di diventare "specialisti" della Bibbia. Farà bene a tutti, però, quella familiarità con le pagine ispirate che fa ardere il cuore, che purifica la mente da pregiudizi e luoghi comuni a proposito di Dio, offre orientamento per le grandi scelte che definiscono la vita e per le piccole scelte che qualificano lo stile quotidiano.
La Parola di Dio non è, infatti, anzitutto, un libro antico che trasmette una sapienza che fa pensare e norme che orientano a un comportamento virtuoso. È piuttosto dono dello Spirito che rende accessibile a tutti i popoli in ogni cultura e in ogni terra di entrare nella rivelazione di Gesù.
La metodologia della *lectio* e la strumentazione scientifica dell'esegesi devono essere di aiuto alla conoscenza del mistero di Cristo. Il rischio da evitare è che i percorsi per lo studio della Bibbia siano così impegnativi e complessi da esaurire lo slancio e spegnere il desiderio dell'incontro.

Nel discernimento personale ed ecclesiale abbiamo bisogno di ascoltare Gesù, non nell'ingenua pratica delle citazioni delle parole, ma nella docilità allo Spirito che permette di conoscere il pensiero di Cristo. «La Parola di Dio è viva e si rivolge a ciascuno nel presente della nostra vita» (*Verbum Domini*, 37).

3. «Da tanto tempo sono con voi e tu non mi hai conosciuto?» (Gv 14,8)

Nel dialogo con Gesù i discepoli rivelano che non sono bastati il tempo trascorso con lui, i segni da lui compiuti, i discorsi con gli interlocutori e le polemiche con i gruppi ostili, per conoscere l'amico che li ha chiamati, il maestro che hanno seguito.
Tutti gli interventi dei discepoli durante i brani che meditiamo rivelano dubbi, incertezze, resistenze, incomprensioni. Il tono delle risposte di Gesù esprime una sorta di sorpresa, disappunto, esasperazione.
Il cammino dei discepoli si rivela incompiuto. È necessario giungere al compimento per vedere la gloria

di Dio che si rivela amore sino alla fine. È necessario che Gesù doni lo Spirito nel suo morire e che tutti volgano lo sguardo a colui che hanno trafitto e credano.

La grazia di essere tra gli amici di Gesù è chiamata alla conversione. L'amicizia con lui non può essere banalizzata a una facile familiarità, a uno stare in compagnia per cui bastino la simpatia e l'affetto. La sequela offre la grazia e l'imperativo a pensare e vivere ogni cosa in modo nuovo, come persone che sono nate di nuovo, rinate dall'alto: l'adorazione a Dio, i rapporti entro la comunità, la dialettica con il mondo, il tempo, lo spazio, la vita, la morte.

I discepoli di tutti i tempi sono chiamati a questo stare con Gesù che li introduce alla fede e alla gloria. Gli anni trascorsi nella sequela non sono garanzia di "conoscere" Gesù; l'essere "maestro in Israele", la consultazione delle Scritture, il "vedere i segni" non portano di per sé a quel credere che rende partecipi della vita di Cristo.

Quindi la modestia che continua ad ascoltare, il desiderio che suscita le domande, la docilità che si affida

anche se non capisce tutto sono gli atteggiamenti che ci mantengono nello stile del discepolo disponibile a lasciarsi condurre oltre i pregiudizi per conoscere tutta la verità.
La modestia e la docilità predispongono a imparare e rendono prudenti nell'insegnare, grati ai maestri e attenti anche ai semplici, più autocritici che critici, più inclini allo stupore che perentori nei giudizi.

4. Indicazioni per introdurre alla lettura di Gv 13–17

Perché la Scrittura offra quella parola che crea, illumina, chiama, orienta è necessaria quell'arte dell'ascolto che trae frutto dalla proclamazione delle Scritture nella celebrazione liturgica, dalla *lectio divina*, secondo metodi e attenzioni che il cardinale Martini ha praticato e raccomandato con tanta insistenza, dalla condivisione delle risonanze in gruppi di ascolto, dallo studio del testo sacro e delle sue intenzioni proprie.

Invito le comunità e ciascuno a lasciarsi condurre, in questo anno, dal testo di *Giovanni*, accostato con percorsi comunitari, con strumenti adatti, con approfondimenti personali, secondo le esigenze e le risorse di cui dispongono le comunità e le persone che vogliono vedere la gloria di Dio.
Sono grato a don Isacco Pagani che offre alcune indicazioni generali per entrare nel testo del *Vangelo secondo Giovanni* (*Gv* 13–17) in appendice a questa proposta pastorale.
Altri strumenti e proposte sono disponibili in pubblicazioni diocesane e in opere di singoli autori.

II

«SIANO UNA SOLA COSA»
LA CHIESA UNITA

1. Resi partecipi della comunione trinitaria per il dono dello Spirito Santo

La preghiera di Gesù invoca dal Padre che i discepoli siano una cosa sola, entrando nella comunione trinitaria: «Perché tutti siano una cosa sola; come tu, Padre, sei in me e io in te, siano anch'essi in noi, perché il mondo creda che tu mi hai mandato» (*Gv* 17,21). La missione di Gesù si compie nell'edificare la comunità dei discepoli, come profezia del Regno. La grazia di questa edificazione è offerta nel mistero celebrato: coloro che condividono lo stesso pane, il corpo di Cristo, diventano un solo corpo. La liturgia ci insegna a

pregare: «Ti preghiamo umilmente: per la comunione al Corpo e al Sangue di Cristo lo Spirito Santo ci riunisca in un solo corpo» (Preghiera Eucaristica II). La vocazione alla comunione è riproposta nei diversi aspetti durante i tempi dell'anno liturgico.
Coloro che offrono alla comunità il servizio della preparazione e dell'animazione liturgica possono valorizzare questa grazia di comunione.
Coloro che prendono parte alle celebrazioni della comunità cristiana sono chiamati a verificare quali frutti ne vengano per la loro vita personale e comunitaria: possiamo celebrare il mistero che ci dona la grazia di partecipare alla comunione trinitaria ed essere divisi, scontenti gli uni degli altri, invidiosi, risentiti?
Nel mistero dell'Incarnazione risplende la gloria del Verbo (cfr. *Gv* 1,14): «I miei occhi hanno visto la tua salvezza [...] luce per rivelarti alle genti e gloria del tuo popolo, Israele» (*Lc* 2,30-32).
Nel mistero della Pasqua l'invito alla conversione predispone ad accogliere il dono dello Spirito che produce frutti di comunione e contrasta con le «opere della carne» (cfr. *Gal* 5,19ss).

Nel tempo dopo Pentecoste, le parole che orientano la missione dei discepoli offrono uno sguardo nuovo sull'umanità. Il mistero rivelato in Cristo è «che le genti sono chiamate, in Cristo Gesù, a condividere la stessa [...] promessa per mezzo del Vangelo» (*Ef* 3,6). «Un solo corpo e un solo spirito, come una sola è la speranza alla quale siete stati chiamati, quella della vostra vocazione; un solo Signore, una sola fede, un solo battesimo. Un solo Dio e Padre di tutti, che è al di sopra di tutti, opera per mezzo di tutti ed è presente in tutti» (*Ef* 4,4-6).

La Chiesa dalle genti non è solo il mistero nascosto alle precedenti generazioni (cfr. *Ef* 3,5), ma è la grazia e l'impegno di questo nostro tempo, di questa nostra terra per offrire un aiuto a tutti gli uomini a credere e a sperare. La vocazione dell'umanità alla fraternità universale, come insegna l'enciclica *Fratelli tutti* di papa Francesco, chiede la risposta illuminata e lungimirante di tutte le comunità della nostra diocesi.

Dalla preghiera di Gesù impariamo a pregare: il capitolo 17 di *Giovanni* può aiutarci a farlo in unione con Cristo. Noi non sappiamo neppure che cosa doman-

dare. Ma lo Spirito intercede per noi, perché le nostre preghiere non siano solo parole ma una pratica della libertà che si lascia plasmare dallo Spirito.
Intercedono per noi i nostri santi, perché noi viviamo nella comunione dei santi. Celebreremo, a Dio piacendo, la beatificazione di Armida Barelli e di don Mario Ciceri. Personalità così diverse, a cui rivolgiamo la stessa preghiera perché tutti i discepoli vivano la loro vita come risposta alla vocazione che Dio rivolge a partecipare della sua stessa vita, in ogni forma storica e in ogni stato di vita che lo Spirito fa fiorire nella santa Chiesa di Dio.

2. La reciprocità della comunione

Gesù introduce i discorsi di quell'ultima sera e l'insistenza per il suo comandamento con un gesto sconcertante e illuminante sullo stile e le opere che rendono quotidiana la comunione per cui prega. Spiega la lavanda dei piedi come un modello di comportamento dentro la comunità dei discepoli: «Anche voi dovete lavare i piedi gli uni agli altri» (*Gv* 13,14). Non si tratta solo di una prestazione di servizio, ma di una forma del rapporto in cui si può adempiere il comandamento nuovo di Gesù: «Vi do un comandamento nuovo: che vi amiate gli uni gli altri. Come io ho amato voi, così amatevi anche voi gli uni gli altri. Da questo tutti sapranno che siete miei discepoli: se avete amore gli uni per gli altri» (*Gv* 13,34-35).

L'insistenza di Gesù sulla reciprocità suggerisce percorsi da esplorare e criteri di valutazione preziosi sulla vita delle comunità. Le diverse accezioni del termine "amore" offrono una ricchezza di contenuti e di proposte di riflessioni e di vita che meritano di essere meditate e praticate (cfr. per esempio papa Benedetto XVI, *Deus Caritas est*, 3). Nel testo di *Giovanni* che privilegiamo per la nostra meditazione in questo anno pastorale prevale la sottolineatura della reciprocità.

L'amore che si dona gratuitamente senza considerare risultati e risposte è una delle forme più alte di dedizione. Per certe sensibilità questo amore gratuito è la manifestazione dell'amore di Dio stesso, di cui la creatura è resa capace per grazia.

Nel *Vangelo secondo Giovanni* l'amore non è certo offerto calcolando la risposta: raggiunge il frutto più desiderabile quando non si riduce a un servizio per l'altro, ma suscita nell'altro la capacità e la disponibilità ad amare, rende amici, impegna in una dedizione reciproca. Non solo amare, ma anche lasciarsi amare, non solo lavare i piedi, ma lasciarsi lavare i piedi.
La reciprocità come forma matura dell'amore è la vocazione di ogni uomo e di ogni donna. La differenza di genere è la differenza originaria che permette di praticare nella forma più alta e promettente la relazione comandata dal comandamento nuovo: gli uni gli altri. Il tema della relazione tra uomo e donna, tra uomini e donne nella Chiesa, tra uomini e donne nella società è un tema di inesauribile profondità e di drammatica attualità. È doveroso che con il contributo di tutti, con la saggezza dell'esperienza, con la molteplicità delle competenze sia affrontato nelle nostre comunità, come proposta educativa, come dinamica familiare, come aiuto all'interpretazione dei ruoli degli uomini e delle donne nella Chiesa e nella società.

La reciprocità come forma matura dell'amore è l'esperienza di ogni vera amicizia. Nella storia della santità cristiana il tema dell'amicizia come grazia che aiuta a diventare migliori e a dare gloria a Dio in una vita santa occupa un posto significativo. Nella vita di molti l'amicizia è un'esperienza di incoraggiamento reciproco, di confronto edificante, di esplorazione coraggiosa di percorsi di missione. Gesù ha mandato i suoi discepoli non come singoli eroi, ma a due a due, come fratelli. In epoca contemporanea la nozione di amicizia si è in parte inquinata in forme di complicità, di strumentalizzazione, di ambiguità. I discepoli di Gesù, che hanno sperimentato l'amicizia con lui, sono chiamati a vivere e a testimoniare la grazia, la responsabilità, la coltivazione di rapporti come contesti propizi per portare a compimento la vocazione alla santità.

3. La coralità della comunione

L'"essere una cosa sola" che Gesù chiede al Padre e ai discepoli deve assumere una forma storica, quindi determinata dalle relazioni, dallo spazio e dal tempo.

Le relazioni sono tra le persone, con la loro storia, con lo stato di vita di ciascuno, con i doni che ognuno ha ricevuto dal Signore. La legge riassunta da Gesù nel comandamento nuovo deve essere ispirazione costante e criterio imprescindibile di verifica per ogni persona e comunità. Molti testi della Scrittura descrivono le virtù necessarie, lo stile che deve essere abituale tra le persone nella comunità cristiana. Il rimando all'"inno alla carità" di Paolo (cfr. *1Cor* 13,4-7) può essere molto significativo. In modo particolare può essere utile che la descrizione dei tratti della carità offerta da Paolo sia letta con il commento che papa Francesco offre in *Amoris Laetitia* (cfr. nn. 89-119).

Tutti i talenti, tutte le qualità delle persone, tutte le esperienze di aggregazione di laici e di consacrati si possono chiamare carismi o vocazioni nella misura in cui edificano la comunione con il tratto della coralità, che comporta la stima vicendevole, la disponibilità a collaborare nel costruire percorsi e a dare vita a iniziative per il bene di tutti. In questa coralità di vocazioni il riferimento alla Diocesi, in comunione con tutta la Chiesa, è un criterio di autenticità.

Come ci ricorda *Lumen Gentium*, i diversi carismi «siccome sono soprattutto adatti alle necessità della Chiesa e destinati a rispondervi, vanno accolti con gratitudine e consolazione» (*LG* 12), ma essi sono donati «per il bene comune» (*1Cor* 12,7).

Non siamo ingenui: le tentazioni di protagonismo, di rivalità, di invidia, di scarsa stima vicendevole sono sempre presenti e seducenti. Ci sono stati tempi di confronti aspri, di polemiche e divisioni anche nella nostra Chiesa. La preghiera di Gesù che chiede al Padre la grazia dell'unità sia la nostra preghiera e decida la disponibilità di tutti.

In questo esercizio, per certi versi inedito di comunione, di "pluriformità nell'unità" possiamo essere aiutati da quella singolare forma di scuola cristiana che è l'ecumenismo di popolo a cui siamo chiamati in questi anni. Sono ormai diverse le parrocchie della nostra Diocesi che ospitano nei loro edifici una realtà ecclesiale (perlopiù parrocchie ortodosse, ma anche comunità protestanti e pentecostali): le pagine del *Vangelo secondo Giovanni* che stiamo meditando ci invitano a non limitare la nostra disponibilità a una semplice e formale condivisione di spazi, ma a intrecciare forme di dialogo e sostegno reciproco, così che tutti possiamo cogliere lo Spirito di Dio che, da maestro interiore qual è, ci insegna a interiorizzare sempre di più l'amore di Dio fatto carne in Gesù.

4. La forma "territoriale" della comunione ecclesiale

L'articolazione del territorio diocesano è stata una scelta lungimirante della nostra Chiesa diocesana: hanno così preso forma le zone pastorali, i decanati intesi come pastorale d'insieme per coordinare e supportare la pastorale locale che le comunità e le parrocchie devono praticare per essere prossime alla vita delle persone.

L'ampiezza della Diocesi esige una suddivisione del territorio che non dev'essere una complicazione burocratica ma un'articolazione atta a favorire la comunione nella Chiesa locale e a superare l'autoreferenzialità della parrocchia. L'organizzazione parrocchiale è provvidenziale e insuperabile: il radunarsi dei fedeli in assemblee liturgiche che convocano persone che si conoscono, che sono chiamate a spezzare il pane e ascoltare la Parola, a edificare rapporti fraterni, a praticare la docilità all'insegnamento degli apostoli e la carità ha una precisa determinazione territoriale. Non è però tutta la Chiesa, non è una struttura che rinchiude lo Spirito nei calendari, nell'esercizio del potere della comunità parrocchiale. La Diocesi non è un insieme di parrocchie, piuttosto l'unica Chiesa che si rende presente nel territorio nelle comunità pastorali e nelle parrocchie.
Il presbiterio diocesano non è l'insieme dei parroci, ma la comunione con il Vescovo che la grazia del ministero ordinato raduna, insieme con i diaconi, per collaborare alla missione nel territorio e in ogni ambiente di vita.

Il decanato rappresenta uno strumento per la sussidiarietà dell'attività pastorale, secondo quelle intenzioni che sono state codificate nel Sinodo 47° e che conservano la loro validità (cost. 160).

5. Verso le Assemblee Sinodali Decanali

Il decanato ha bisogno di uno strumento proporzionato alla sua finalità. Il percorso che ha portato agli orientamenti contenuti nel documento *Chiesa dalle genti* ha aperto una prospettiva per un nuovo volto della nostra Chiesa diocesana, che è chiamata a una forma di comunione più intensa e più diversificata per una missione più coraggiosa. Questa prospettiva si è rivelata affascinante e insieme incerta, fragile, attribuendo al Consiglio pastorale decanale un compito che non può essere eseguito da un organismo dalla vita stentata e dai frutti poco convincenti.

La proposta di immaginare l'Assemblea Sinodale Decanale esprime l'intenzione di configurare un organismo più proporzionato al compito di interpretare il territorio e di descrivere e motivare forme di presenza dei cristiani nella vita quotidiana, familiare, professionale, sanitaria, culturale, amministrativa eccetera.

L'Assemblea Sinodale Decanale non ha una definizione precisa perché deve essere adattata alla realtà concreta del decanato. La costituzione del Gruppo Barnaba intende avviare il percorso per la costituzione dell'Assemblea Sinodale Decanale.

C'è qualche cosa di inedito in questo processo, perché non intende sovraccaricare i ministri ordinati di ulteriori compiti, ma provocare tutte le vocazioni (laici, consacrati, diaconi e preti) ad assumere la responsabilità di dare volto a un organismo che non deve "guardare dentro" la comunità cristiana e la sua attività ordinaria; piuttosto deve guardare al mondo del vivere quotidiano dove i laici e i consacrati hanno la missione di vivere il Vangelo, di essere testimoni di speranza, di farsi prossimi di fratelli e sorelle con cui condividono la vita, con le sue fatiche, le sue prove e le sue sfide.

6. Il ministero ordinato animato da passione e responsabilità condivisa

Il ruolo dei presbiteri e dei diaconi permanenti, in questa sfida dell'inedito per assecondare lo Spirito che tiene vivo l'ardore della missione e della testimonianza, è decisivo, come in ogni aspetto della vita della comunità cristiana.

La missione parte sempre dalla comunione eucaristica, è sempre ispirata dalla Parola di Dio. I presbiteri e i diaconi, in comunione con il Vescovo, celebrano l'eucaristia e annunciano autorevolmente la Parola. In questo servizio non hanno il ruolo di controllare e decidere a prescindere dalle responsabilità dei laici e dei consacrati, ma quello di "tener vivo il fuoco" e di rallegrarsi nel vedere la grazia di Dio ed esortare tutti a restare, con cuore risoluto, fedeli al Signore, da uomini pieni di Spirito Santo e di fede (cfr. *At* 11,23ss).

Il cammino che, a Dio piacendo, condurrà alla configurazione, costituzione e funzionamento dell'Assemblea Sinodale Decanale richiede ai presbiteri non "un lavoro in più da fare", ma un incoraggiamento costante, un saggio consigliare, una disponibilità ad accompagnare perché i laici e i consacrati assumano le loro responsabilità e avvertano il dovere di formarsi a una mentalità ecclesiale, per essere, insieme, nel mondo testimoni della risurrezione e del Vangelo di Gesù.

Le proposte per la formazione permanente del clero sono un aiuto irrinunciabile per condividere con sapienza e gioia la responsabilità del Vescovo in questa transizione affascinante e inquietante.

La missione è sempre attuata là dove due o tre si trovano insieme, nella certezza della presenza del Signore.

Le indicazioni operative sono state oggetto di un prolungato confronto nei Consigli diocesani che hanno richiesto precisazioni, pause di riflessione, attenzioni per raccogliere consenso e interpretare il dissenso. Il processo è solo all'inizio. La proposta di lavoro, la responsabilità di condurlo, l'ipotesi di tempi e modi per procedere sono descritti nel documento che riporto nell'Appendice 2.

7. Sinodo, sinodalità, percorsi sinodali, assemblee sinodali

L'avvio di procedimenti nella Chiesa universale, nella Chiesa italiana, nelle Diocesi rischia di logorare il vocabolario "sinodale" e di generare confusione, ridurre la gioia e il gusto della partecipazione, suscitare l'impressione che il tutto si riduca a produrre carta.
Il disagio ha qualche buona ragione anche per il fatto che molti aspetti sono ancora in fase di definizione.
Mi permetto di formulare una precisazione per come io vedo le questioni.
Si deve intendere per Sinodo il Sinodo dei Vescovi, convocato da papa Francesco per definire che cosa sia sinodalità nella Chiesa.
Il Sinodo si celebrerà nell'ottobre del 2023, come XVI Assemblea Ordinaria del Sinodo dei Vescovi, con il tema *Per una Chiesa sinodale: comunione, partecipazione e missione*. Per volontà del Papa il percorso per preparare questa assemblea coinvolge tutta la Chiesa cattolica. Quindi saremo consultati con strumenti che saranno pubblicati prossimamente e offriremo il

nostro contributo secondo un calendario che è stato definito con la *Nota* del Sinodo dei Vescovi pubblicata il 21 maggio 2021.
Si deve intendere per percorso sinodale della Chiesa italiana, come dice il cardinale Gualtiero Bassetti,

> quel processo necessario che permetterà alle nostre Chiese che sono in Italia di fare proprio, sempre meglio, uno stile di presenza nella storia che sia credibile e affidabile, perché attento ai complessi cambiamenti in atto e desideroso di dire la verità del Vangelo nelle mutate condizioni di vita degli uomini e delle donne del nostro tempo.

In questa prospettiva, la Conferenza Episcopale Italiana diventa una struttura di servizio per le Diocesi italiane che sono chiamate ad assumere quel volto di cammino condiviso che il Convegno di Firenze ha praticato e che papa Francesco ha raccomandato. Gli Orientamenti Pastorali CEI saranno frutto di questo cammino, secondo modalità che nel prossimo autunno saranno comunicate.

Si deve intendere per Assemblea Sinodale Decanale lo strumento che la Diocesi di Milano si darà per lo stile di presenza della Chiesa nel nostro territorio. La composizione, le competenze e le procedure di questa assemblea prenderanno la forma adatta al territorio del decanato secondo il discernimento che il Gruppo Barnaba compirà con la collaborazione del vicario episcopale di zona e degli organismi diocesani.

8. Che siano una sola cosa: la preghiera, le fatiche, la gratitudine e il lamento

Se siamo grati per il dono ricevuto, il dono di essere salvati, il dono di essere in una comunità di redenti, il dono di essere in cammino per una speranza affidabile, perché il lamento è tanto diffuso?
Propongo di meditare il testo che è offerto per la *lectio* personale e comunitaria in questo anno pastorale per entrare nelle confidenze di Cristo e condividere i suoi sentimenti e il suo pensiero.

La preghiera di Gesù perché «siano una sola cosa» (*Gv* 17,11) invoca la grazia della nostra comunione e rivela a quale profondità giunge il suo comandamento: «Amatevi gli uni gli altri» (*Gv* 13,34).
L'amore fraterno comporta una specie di gara nello stimarsi a vicenda, il riconoscimento del bene che l'altro rappresenta per me, la riconoscenza per essere un cuore solo e un'anima sola nella comunione dei santi. Come posso essere amareggiato e risentito verso il fratello?
Nella comunità cristiana gli argomenti per essere scontenti gli uni degli altri hanno una radice ambigua e invito tutti a decifrare questa sorgente inquinata delle parole, dei pensieri, dei giudizi.
Per me è incomprensibile che il risentimento, l'amarezza, le ferite siano, per così dire, una buona ragione per lamentarsi dei fratelli e delle sorelle della propria comunità, dei preti, del Vescovo e del Papa. Piuttosto si dovrebbe riconoscere un desiderio ardente di correggere e di correggersi, di dedicarsi a un'intensa preghiera di intercessione, di praticare la correzione fraterna e il perdono benevolo.

9. «Nessuno ha un amore più grande di questo» (Gv 15,13): il fondamento della Caritas

Nella gara della stima reciproca non può non essere presente e non rappresentato l'amore gratuito verso l'altro, verso il diverso, così diverso che addirittura mi può essere nemico. Proprio come ricorda l'apostolo Paolo, che sembra completare la riflessione dell'evangelista Giovanni: «Ora, a stento qualcuno è disposto a morire per un giusto; forse qualcuno oserebbe morire per una persona buona. Ma Dio dimostra il suo amore verso di noi nel fatto che, mentre eravamo ancora peccatori, Cristo è morto per noi» (*Rm* 5,7-8).

Lo scorso 2 luglio abbiamo celebrato in Duomo il 50° anniversario della Caritas. Voluta da un mio predecessore, il cardinale Montini (poi san Paolo VI), questa istituzione è stata immaginata non tanto come un organismo burocratico che riuscisse a mettere ordine nel ricco e variegato (ma anche un po' disordinato) universo della carità cristiana, quanto come uno strumento pedagogico che sapesse innervare dentro

l'ordinarietà della vita pastorale il principio dell'amore che stiamo contemplando in queste pagine.
Mi auguro che la meditazione delle pagine del *Vangelo secondo Giovanni* in questo anno pastorale possa diventare un utile esercizio per tutte le Caritas parrocchiali e decanali, chiamate anche loro a sostenere il cammino di conversione pastorale innescato dall'avvio delle Assemblee Sinodali Decanali. Tutti abbiamo bisogno di imparare come l'amore è la forma del legame che distingue i cristiani dentro il tessuto sociale più ampio; tutti abbiamo bisogno di imparare che la carità non è un atto che si può delegare a qualche organismo, ma un'energia che anima tutta la comunità cristiana, e che vede in qualche ente specializzato l'occasione per un richiamo globale alla forza dell'amore come collante di ogni società, non solo della Chiesa.

III

«NEL MONDO, MA NON DEL MONDO» LA CHIESA LIBERA

1. Partecipi della vocazione dell'umanità a diventare fraternità

Il messaggio dell'enciclica di papa Francesco, *Fratelli tutti*, offre ai discepoli di Gesù e a tutti gli uomini di buona volontà una visione dell'umanità e delle sue responsabilità. L'umanità non può sopravvivere se non diventa una fraternità. In particolare le religioni sono chiamate in causa (cfr. *Fratelli tutti*, 271-280).
In questo orizzonte la comunità dei discepoli di Gesù è chiamata a testimoniare il principio della fraternità universale nel riferimento al Padre di tutti, che ha mandato il Figlio nel mondo non per condannare il mondo, ma per salvarlo.

I discepoli danno testimonianza di questa vocazione alla fraternità universale in modo inadeguato, perché sono divisi tra loro, e tuttavia non possono tacere il Vangelo e sono nel mondo per seminarvi speranza di salvezza, nella concordia e nella pace.
I principi generali e gli appelli universali chiedono di tradursi nello stile quotidiano del buon vicinato e dell'alleanza costruttiva con tutte le confessioni, con tutte le religioni, con tutte le istituzioni. Sono benedetti da Dio i suoi figli e le sue figlie che in ogni parte del globo sono operatori di pace. Molti, originari della nostra terra, di ogni età e condizione, compiono gesti ammirevoli in ogni parte del mondo dove sono in missione come consacrati, come cristiani impegnati, come volontari di ogni credo: beati gli operatori di pace.
I signori della guerra, le persone e le organizzazioni avide di guadagni a prezzo della schiavitù e dello sfruttamento della terra non vinceranno. Certo, però, faranno molti danni. Noi tutti, insieme, uomini e donne di buona volontà, ci ostiniamo a seminare pace, a edificare fraternità, a praticare una prossimi-

tà rispettosa e generosa verso tutti, specie coloro che sono considerati insignificanti, gli scarti del sistema.

2. Tratti contemporanei della missione: la Chiesa dalle genti

La nostra Diocesi si trova a vivere anche in questo caso una situazione inedita: dopo anni ricchi di invii e di partenze verso la Chiesa *ad gentes*, ci troviamo ora a vivere una situazione quasi rovesciata: mentre si riducono le nostre vocazioni alla missione, stiamo sperimentando la gioia di accogliere un numero sempre maggiore di preti, consacrate e consacrati che giungono nelle nostre terre per aiutarci nel nostro impegno pastorale di annuncio della fede cristiana. Un dato che va letto nella linea dei "segni dei tempi": è l'unica Chiesa di Cristo che nutre le sue comunità, sopperendo alla stanchezza delle antiche terre di cristianità, per dare slancio alla missione di cui tutti sentiamo il bisogno, in questo momento di cambiamento d'epoca. È con questo spirito, d'altronde, che ci prepariamo a ospitare, all'inizio del prossimo anno pastorale, il secondo Festival della Missione.

3. L'originalità cristiana nei tempi della Chiesa "antipatica"

Nel testo del *Vangelo secondo Giovanni* che, in particolare quest'anno, meditiamo, ampio spazio è dedicato al tema dei discepoli nel mondo e il "mondo" è connotato da Gesù come un contesto ostile, animato da un odio che perseguita lui e, coerentemente, coloro che parlano in suo nome. «Mi hanno odiato senza ragione» (*Gv* 15,25). La Parola di Gesù invita i discepoli a non turbarsi, a non scandalizzarsi: sono partecipi della sua stessa sorte. I persecutori crederanno di rendere culto a Dio uccidendo i suoi discepoli.
Lo strazio per i troppi morti, processati o linciati per motivi religiosi, politici, sociali, ci coinvolge in una preghiera e in un cammino di conversione, in una domanda che è piuttosto attesa. «Vidi sotto l'altare le anime di coloro che furono immolati a causa della

parola di Dio e della testimonianza che gli avevano reso. E gridarono a gran voce: "Fino a quando, Sovrano, tu che sei santo e veritiero, non farai giustizia…?"» (*Ap* 6,9-10).

Noi non possiamo dimenticare i martiri del nostro tempo e continuiamo a domandarci: perché? Se facciamo il bene, perché siamo trattati male?

Tutti gli interrogativi, tutte le paure, tutti i sensi di colpa per le zone d'ombra del passato, tragiche e vergognose, non possono però convincerci a tacere la Parola di Dio e a darne testimonianza, con vera libertà.

La Chiesa è libera quando accoglie il dono del Figlio di Dio; è lui che ci fa liberi davvero; liberi dalla compiacenza verso il mondo, liberi dalla ricerca di un consenso che ci rende inautentici; liberi di vivere il Vangelo in ogni circostanza della vita, anche avversa o difficile; capaci di *parresìa* di fronte a tutti; Chiesa libera di proporre il Vangelo della grazia, di promuovere la fraternità universale, Chiesa libera di vivere e annunciare il Vangelo della famiglia; Chiesa libera di vivere la vita come vocazione perché ogni

persona non è un caso ma è voluta dal Padre dentro il suo disegno buono per la vita del mondo.
Il messaggio di Gesù e la testimonianza della Chiesa suscitano una reazione che può essere di accoglienza grata, di esultanza per la liberazione attesa e sperata. Ma può esservi anche una reazione di antipatia, di ostilità e indifferenza. Talora i discepoli possono rendersi antipatici e suscitare atteggiamenti ostili per un comportamento che non è conforme allo stile di Gesù. Ma l'indifferenza e l'antipatia molto diffuse verso la Chiesa hanno la loro radice nella profezia che il Vangelo di Gesù ci chiede di testimoniare.
Il Vangelo è infatti invito a conversione, è parola di promessa per chi ascolta, è contestazione di quanto tiene uomini e donne in schiavitù. Molti, a quanto pare, chiamano bene il male e male il bene e sono infastiditi dalla contestazione e dall'invito a trasgredire "i decreti del faraone". Come Mosè fu contestato dai suoi fratelli, così i discepoli di Gesù sono contestati da coloro che chiamano intelligenza il conformismo, libertà il capriccio, benessere la sazietà, tranquillità l'asservimento.

La Chiesa, docile al suo Signore, sa che è in debito del Vangelo presso ogni tempo, ogni popolo e ogni cultura. Continua ad ascoltare il Signore e a invocare lo Spirito, perché si rende conto che «per il momento non siete capaci di portarne il peso. Quando verrà lui, lo Spirito della verità, vi guiderà a tutta la verità» (*Gv* 16,12-13). Di fronte alle sfide inedite e ai vari contesti la Chiesa attinge al suo inesauribile patrimonio di sapienza e di santità, ma insieme si rende conto di dover ancora ascoltare, di dover ancora imparare, di dover ancora essere docile allo Spirito: «Quando vi porteranno davanti alle sinagoghe, ai magistrati e alle autorità, non preoccupatevi di come o di che cosa discolparvi, o di che cosa dire, perché lo Spirito Santo vi insegnerà in quel momento ciò che bisogna dire» (*Lc* 12,11-12).

4. Il Vangelo della famiglia nel contesto dell'esasperazione dell'individualismo

L'annuncio del Vangelo della famiglia suona antipatico in una cultura che diffida dei legami indissolubili e delle responsabilità verso le persone amate. L'individualismo rischia di essere il principio indiscutibile dei comportamenti e quindi anche il criterio per organizzare la vita sociale e le sue leggi. Si ha infatti l'impressione che in ambito politico e nell'elaborazione delle leggi non sia determinante la cura per il bene comune della società nel suo presente e nel suo futuro. Piuttosto sembra che prevalga una logica individualistica che intende assicurare a ciascuno il diritto di fare quello che vuole. Può essere che questo orientamento incida nel costume e nella mentalità e che la tradizione di solidarietà tra le persone, l'impegno delle istituzioni per il bene comune, l'apprezzamento per la famiglia, per i bambini e per tutte le attenzioni educative siano considerati temi lasciati al volontariato e privati di adeguata attenzione e sostegno istituzionale.

La visione cristiana della vita, dell'uomo e della donna, della vicenda personale e della storia del popolo considera invece centrale la famiglia, i legami affidabili, la riconoscenza come principio intergenerazionale, la fecondità come bene comune e promessa di futuro, l'educazione delle giovani generazioni come respon-

sabilità ineludibile della famiglia e, in supporto alla famiglia, delle istituzioni e di tutti i "corpi intermedi".
La proposta di papa Francesco di un itinerario di preparazione all'Incontro Mondiale delle Famiglie (26 giugno 2022), che sia occasione per verificare e approfondire la recezione dell'enciclica *Amoris Laetitia,* ha ispirato la proposta pastorale elaborata dal servizio diocesano per la Pastorale familiare che propongo come appendice.
Le proposte di pastorale familiare si distendono per tutto l'anno pastorale e in tutti gli anni. L'anno liturgico suggerisce toni diversificati e occasioni molteplici per entrare nel Vangelo della famiglia, provarne gioia, diventarne testimoni.
In particolare devono essere valorizzate la festa della famiglia, la settimana dell'educazione, la festa di san Giuseppe (cfr. *Patris corde* di papa Francesco), il tempo di Avvento come particolarmente propizio alla preghiera in famiglia, l'itinerario di Iniziazione Cristiana soprattutto nel tempo di Quaresima, che chiama a una partecipazione più intensa le famiglie coinvolte.

5. Il Vangelo della vocazione nel contesto dell'esclusione del riferimento a Dio per le scelte decisive della vita

Siamo vivi perché chiamati alla vita dalla promessa di Dio che ci vuole rendere partecipi della sua vita. La vita è grazia, è vocazione, è missione, è speranza di gioia senza fine nella comunione con Dio. Gesù aiuta a intendere così anche l'essere discepoli e amici suoi: «Non voi avete scelto me, ma io ho scelto voi e vi ho costituiti perché andiate e portiate frutto e il vostro frutto rimanga» (*Gv* 15,16).
La visione cristiana della vita, come vocazione, suona antipatica o incomprensibile alla mentalità del nostro tempo. Una vita senza domande non si interroga sulla sua origine e non sa ringraziare. Una vita senza domande non si interroga sulla sua destinazione e non sa sperare. Una vita senza domande non ha criteri per valutare le sue scelte e non sa decidersi per una scelta duratura e irrevocabile, anzi la teme.
La pastorale giovanile è pastorale vocazionale perché invita ad ascoltare la Parola di Gesù, a raccogliere la

sua esortazione a dimorare in lui e a compiere con lui le scelte che danno all'esistenza un senso, una speranza.
Con una certa insistenza ritorno su questi temi e avverto l'urgenza che ai giovani di oggi sia offerta una parola che semini speranza e aiuti a gustare la grazia di essere vivi, liberi, capaci di amare.
Rinnovo l'invito a tutti gli adulti a essere testimoni di una verità semplice: vale la pena di vivere e di dare la vita, vale la pena di diventare adulti e di assumersi delle responsabilità.
Rinnovo l'invito a qualificare le proposte che la comunità cristiana rivolge ai giovani per indurli a pensare, porsi domande, accogliere la grazia della fede.
Le proposte per la recezione dell'esortazione post sinodale di papa Francesco *Christus Vivit* aiuteranno i giovani e i Vescovi di Lombardia ad approfondire il tema e a stringere alleanze con i giovani cristiani, perché "senza indugio" siano apostoli per i giovani loro coetanei.
Anche l'ambito scolastico può essere propizio per educare le nuove generazioni alla vita come vocazione e per imparare ad affrontare l'esistenza in un

orizzonte di senso vero. Papa Francesco ha proposto un "patto globale per l'educazione" tra tutti coloro che sono coinvolti nel lavoro con ragazzi e giovani. L'impegno della nostra Chiesa nella pastorale per la scuola è decisivo per poter proporre una visione cristiana della vita ai giovani.
La proposta di intendere la vita come vocazione trova in alcuni momenti dell'anno liturgico occasioni particolarmente propizie: i ritiri e gli esercizi spirituali di Avvento e Quaresima, l'invocazione allo Spirito nel tempo di Pasqua e nel tempo dopo Pentecoste, il coinvolgimento di tutta la comunità cristiana nelle Giornate per la vita consacrata, per le preghiere di speciale consacrazione, le memorie e le feste mariane, i mesi dedicati alla preghiera del Rosario.

6. Il Vangelo della vita eterna nel contesto della rassegnazione a finire nel nulla

Gesù prega per i suoi discepoli e per tutti: «Padre, [...] glorifica il Figlio tuo perché il Figlio glorifichi te. Tu gli hai dato potere su ogni essere umano, perché egli dia la vita eterna a tutti coloro che gli hai dato. Questa è la vita eterna: che conoscano te, l'unico vero Dio, e colui che hai mandato, Gesù Cristo» (*Gv* 17,1-3).

L'espressione «vita eterna» si è smarrita nel nostro tempo, è stata banalizzata e distorta in un immaginario che la rende antipatica. Il linguaggio tradizionale della devozione cristiana è diventato insignificante in un contesto di pensiero che evita le domande sul senso e si rassegna a descrivere e, se possibile, a manipolare i processi biologici, nella persuasione indiscutibile della destinazione a morire di tutto ciò che nasce.

Nel linguaggio del *Vangelo secondo Giovanni*, Gesù promette la vita eterna a coloro che credono e si presenta come il pane della vita. Dichiara di essere «la vita». Chi ascolta le sue parole è quindi introdotto a credere che «vita eterna» non è una vita che "dura per sempre", come un'immobile noiosa contraddizione. È piuttosto la vita di Dio di cui Gesù ci rende partecipi con la sua morte e risurrezione, poiché lui, il Verbo, era in principio presso Dio e «in lui era la vita e la vita era la luce degli uomini» (*Gv* 1,4).

I discepoli che continuano a credere in Gesù sperimentano che la loro vita è rimanere in lui, come il tralcio che rimane vivo perché rimane nella vite. Questa comunione non è spezzata dalla morte fisica: la morte in croce di Gesù è l'ora della gloria. Il Padre glorifica il Figlio, esaudisce la sua preghiera. Nel morire, Gesù «consegnò lo Spirito» (*Gv* 19,30), quindi rese partecipi tutti della sua gloria. La morte dei figli di Dio partecipa della morte del Figlio dell'uomo e così è vinta dalla sua stessa gloria.

La comunità cristiana continua a celebrare ogni giorno la Pasqua di Gesù, ad annunciare la sua morte e risurrezione, in attesa della sua venuta. Ha quindi un fondamento incrollabile per la speranza e la responsabilità di annunciare il Vangelo della vita eterna. I molti funerali che si celebrano nelle nostre chiese sono la quotidiana occasione per indicare ai presenti la consolazione più decisiva, nel momento in cui il dolore è troppo inconsolabile.

L'anno liturgico propone in molti momenti una particolare grazia di vedere la gloria del Risorto, specie nel tempo di Pasqua e nella commemorazione dei fedeli defunti.

IV

«LA VOSTRA GIOIA SIA PIENA» LA CHIESA LIETA

1. «La mia gioia sia in voi e la vostra gioia sia piena» (Gv 15,11)

Gesù indica nella gioia lo scopo della sua rivelazione, l'introduzione alla conoscenza del Padre e la partecipazione alla sua vita e la conoscenza di tutta la verità frutto dello Spirito.
La gioia cristiana, per quello che se ne può dire, coinvolge tutta la persona e tutte le esperienze. La sua espressione è la festa che ne fa esperienza comunitaria. E il primo segno che Gesù opera a Cana di Galilea è di offrire il vino buono, segno della gioia messianica.

Merita di essere esplorato e approfondito il tema della gioia, della festa, della celebrazione.
È riduttivo, infatti, descrivere la gioia come un sentimento che nasce da una situazione favorevole, come un'esperienza piacevole, come soddisfazione di un desiderio, come realizzazione di un'aspettativa, per quanto tutto possa essere compreso in quella gioia che viene dalla vita di Dio, creatore di ogni cosa buona.
È riduttivo definire la gioia come esperienza individuale. Pertanto la festa è l'espressione comunitaria della gioia condivisa tra le persone. L'arte di fare festa richiede un'esperienza spirituale intensa, un'appartenenza culturale per animare linguaggi, musiche, segni che esprimano la gioia e la rendano evento del villaggio, fecondità nella trasmissione del patrimonio alle giovani generazioni e insieme protagonismo dei bambini nel contagiare adulti e anziani.
Nella Chiesa dalle genti le tradizioni culturali diverse sono chiamate a contribuire alla festa di tutti non solo con rappresentazioni folkloristiche, ma con la sinfonia dei linguaggi e la sincerità della recipro-

ca fraterna accoglienza. Il tema è troppo trascurato e consegnato alle agenzie che organizzano eventi. Il villaggio senza bambini si accontenta di qualche attrazione artificiale.
La comunità credente celebra la sua gioia perché nella celebrazione i fedeli ricevono il dono della comunione con la Pasqua di Gesù, principio invincibile della gioia. La festa cristiana ha il suo fondamento nella celebrazione. È quindi necessario che, attraverso la cura delle celebrazioni, si creino le condizioni perché si esprima la gioia frutto dello Spirito.
Le celebrazioni tristi, grigie, noiose sono forse il segno di comunità tristi, grigie, noiose: è come se lo Spirito fosse trattenuto, come se il "roveto ardente" fosse solo una fotografia.
Nelle prime ore del mattino la Chiesa, la Sposa, canta le lodi dello Sposo. La liturgia delle ore inizia con le lodi. Tutto il popolo cristiano può essere aiutato a celebrare in forma semplice, personale, domestica e anche in forma comunitaria la liturgia delle ore in modi praticabili nelle concrete condizioni di vita.

2. La gioia che si accompagna al travaglio

I discepoli di Gesù, destinatari della rivelazione che genera la gioia piena, partecipano delle vicende talora serene, spesso drammatiche e tragiche della storia umana, piangono con chi piange, soffrono con chi soffre.
Che sarà della loro gioia? Sarà messa da parte in attesa del paradiso? Il soffrire genera tristezza e smentisce la dichiarazione di Gesù?
C'è qualche cosa di misterioso nella paradossale gioia dei martiri e dei santi che sanno sorridere e cantare anche quando sono perseguitati e maltrattati, disprezzati e insultati, provati in mille modi dalle fatiche e dalle ostilità che incontrano nella loro stessa casa e comunità.
Gesù suggerisce l'immagine della donna quando partorisce: «È nel dolore, perché è venuta la sua ora; ma, quando ha dato alla luce il bambino, non si ricorda più della sofferenza, per la gioia che è venuto al mondo un uomo. Così anche voi, ora siete nel dolore; ma vi vedrò di nuovo e il vostro cuore si rallegrerà e

nessuno potrà toglievi la vostra gioia» (*Gv* 16,21-22). Nell'anno liturgico lo Spirito Santo conduce a sperimentare le molteplici sfumature della gioia: nella celebrazione dell'Incarnazione del Signore e della sua manifestazione alle genti, nella celebrazione della Pasqua del Signore e del canto dell'Alleluia, nell'invocazione dello Spirito e nella vita secondo lo Spirito. «Il frutto dello Spirito invece è amore, gioia, pace…» (*Gal* 5,22).

3. La gioia nel magistero di papa Francesco

L'affetto e la cordiale disponibilità, la consapevole adesione e la responsabilità per la fedeltà al magistero del Papa motivano un'attenzione ai documenti che orientano il cammino della Chiesa e chiedono di essere accolti, meditati, recepiti, attuati anche nelle indicazioni operative che contengono.
Papa Francesco ha spesso richiamato tutta la Chiesa, e in particolare i consacrati, a vivere e testimoniare il dono della gioia; nell'incontro con i seminaristi, i no-

vizi e le novizie del 6 luglio 2013 in Vaticano, il Papa ha pronunciato queste parole:

> Volevo dirvi una parola e la parola è gioia. Sempre dove sono i consacrati, i seminaristi, le religiose e i religiosi, i giovani, c'è gioia, sempre c'è gioia! È la gioia della freschezza, è la gioia del seguire Gesù; la gioia che ci dà lo Spirito Santo, non la gioia del mondo. C'è gioia! [...] La vera gioia non viene dalle cose, dall'avere, no! Nasce dall'incontro, dalla relazione con gli altri, nasce dal sentirsi accettati, compresi, amati e dall'accettare, dal comprendere e dall'amare; e questo non per l'interesse di un momento, ma perché l'altro, l'altra è una persona. La gioia nasce dalla gratuità di un incontro! È il sentirsi dire: «Tu sei importante per me», non necessariamente a parole. Questo è bello… Ed è proprio questo che Dio ci fa capire. Nel chiamarvi Dio vi dice: «Tu sei importante per me, ti voglio bene, conto su di te». Gesù, a ciascuno di noi, dice questo! Di là nasce la gioia! La gioia del momento in cui Gesù mi ha guardato. Capire e sentire questo è il segreto della nostra gioia. Sentirsi amati da Dio, sentire che per Lui noi siamo non numeri, ma persone; e sentire che è Lui che ci chiama.

In questo contesto voglio solo osservare l'insistenza con cui il tema della gioia ricorre esplicitamente nei titoli stessi dei principali documenti di papa Francesco: *Evangelii Gaudium* (2013); *Amoris Laetitia* (2016); *Gaudete et Exultate* (2018) e in un modo più allusivo in *Christus Vivit* (2019), *Laudato si'* (2015), *Fratelli tutti* (2020).
Non è ovviamente sufficiente fermarsi ai titoli. In particolare siamo stati chiamati a rileggere la *Laudato si'* nell'anno pastorale 2020/2021 e siamo invitati al programma di recezione per *Amoris Laetitia* in questo anno 2021/2022 come proposto in appendice.
Mi permetto di concentrarmi su un tema che papa Francesco sottolinea molto: il legame tra la gioia cristiana e lo stile di vita che la sostiene e l'alimenta. Parlando della singolarità dello stile cristiano di vita, il Papa commenta (*Gaudete et Exultate*, 122) in modo molto concreto:

> Quanto detto finora non implica uno spirito inibito, triste, acido, malinconico, o un basso profilo senza energia. Il santo è capace di vivere con gioia e senso

> dell'umorismo. Senza perdere il realismo, illumina gli altri con uno spirito positivo e ricco di speranza. Essere cristiani è «gioia nello Spirito Santo» (*Rm* 14,17), perché «all'amore di carità segue necessariamente la gioia. Poiché chi ama gode sempre dell'unione con l'amato [...] Per cui alla carità segue la gioia».

Mi ricollego, perciò, al 50° anniversario della Caritas. Essere all'altezza dell'intuizione di san Paolo VI non significa aumentare la quantità delle azioni e delle opere che le nostre Caritas fanno (e di cui siamo riconoscenti, come abbiamo potuto constatare durante la pandemia), quanto piuttosto intensificare il loro compito pedagogico e culturale, perché possano proprio con il loro genuino e specifico tratto cristiano contribuire in modo attivo a quella transizione ecologica che il mondo invoca senza riuscire ad accendere. Si tratta in altre parole di vivere una declinazione sociale della gioia cristiana che permetta a tutti, cristiani e non, di riconoscere come la fede nel Dio di Gesù Cristo è capace di generare forme di trasfigurazione del mondo, dei suoi legami, delle sue attività, dei suoi modi di produzione, dei suoi riti e dei suoi ritmi di lavoro e di festa. Nella linea sinodale che stiamo imparando come Chiesa italiana, e che ci viene richiamata anche dalla imminente celebrazione della prossima Settimana Sociale a Taranto (dal significativo titolo *Il pianeta che speriamo. Ambiente, lavoro, futuro: #tutto è connesso*): occorre impegnarsi insieme per la

> rigenerazione del tessuto civile dei nostri territori, attraverso un metodo che abbiamo sperimentato in questi anni e che ci chiede di individuare e osservare le storie positive in atto, di riconoscere l'esistenza di una traiettoria comune e di avviare processi di collegamento e cooperazione tesi a rafforzare l'impegno nell'edificazione di uno stile più fraterno di essere comunità.
> (*Instrumentum Laboris*, 42)

Come dicevo, la gioia cristiana non è un'emozione ma più profondamente un *habitus* che dona energie spendibili nella vita di ogni giorno, a livello individuale, familiare e sociale, e che trascina tutti noi nel

processo di rigenerazione della storia e del cosmo (vero motore di ecologia integrale) che è la risurrezione di Gesù Cristo.
La gioia cristiana è strumento per la trasformazione del mondo e la conversione dei cuori.

CONCLUSIONI

È veramente cosa buona e giusta, nostro dovere e fonte di salvezza, rendere grazie sempre, qui e in ogni luogo a te, Padre santo, Dio onnipotente ed eterno.
Il Signore Gesù ha reso partecipe la sua Chiesa della sovranità sul mondo che tu gli hai donato.
La Chiesa è la madre di tutti i viventi, sempre più gloriosa di figli generati ogni giorno a te, o Padre, per virtù dello Spirito Santo.

Ti rendiamo lode, Padre, Signore del cielo e della terra, perché hai nascosto queste cose ai sapienti e ai dotti e le hai rivelate ai piccoli. E noi abbiamo contemplato nel tuo Figlio condannato e crocifisso la sua gloria, gloria come del Figlio unigenito, che viene da te, Padre, pieno di grazia e di verità.
Grazie, Padre: la terra è piena della tua gloria!

Ti rendiamo lode, Padre, perché, innalzato da terra, attira tutti a sé. E tutti volgeranno lo sguardo a colui che hanno trafitto. E tutti i popoli sono convocati perché nel nome di Gesù ogni ginocchio si pieghi nei cieli, sulla terra e sotto terra e ogni lingua proclami *Gesù è Signore*, per la tua gloria, Padre.
Grazie, Padre: ci hai salvati tutti con attrattiva d'amore.

Ti rendiamo lode, Padre, perché nel tuo Figlio per la grazia dello Spirito Santo, formiamo un solo corpo e un solo spirito, fragile segno posto tra le genti perché siano annunciate a tutti gli uomini la vocazione alla fraternità e la speranza invincibile.
Grazie, Padre: la tua Chiesa unita, libera, lieta continua a cantare le tue lodi.

Ti rendiamo lode, Padre, perché l'enigma indecifrabile della storia e il libro sigillato delle vicende umane è stato aperto. Ha vinto il leone della tribù di Giuda, il Germoglio di Davide, e aprirà il libro e i suoi sette sigilli.

Grazie, Padre: possiamo cantare con tutti i santi un canto nuovo.

Tu sei degno di prendere il libro e di aprirne i sigilli, perché sei stato immolato e hai riscattato per Dio, con il tuo sangue, uomini di ogni tribù, lingua, popolo e nazione, un regno di sacerdoti e regneranno sopra la terra.

Ti rendiamo lode, Padre, perché hai accolto la preghiera del tuo Figlio: «La gloria che tu hai dato a me, io l'ho data a loro, perché siano una cosa sola come noi siamo una cosa sola. Io in loro e tu in me, perché siano perfetti nell'unità e il mondo conosca che tu mi hai mandato e che li hai amati come hai amato me» (*Gv* 17,22-23).

+ Mario
Arcivescovo
Milano, 8 settembre 2021

APPENDICI

VANGELO SECONDO GIOVANNI
(13–17)

13 **Gesù lava i piedi ai discepoli.** [1]Prima della festa di Pasqua Gesù,
sapendo che era venuta la sua ora di passare da questo mondo
al Padre, avendo amato i suoi che erano nel mondo, li amò fino alla fine.
[2]Durante la cena, quando il diavolo aveva già messo in cuore a Giuda, figlio
di Simone Iscariota, di tradirlo, [3]Gesù, sapendo che il Padre gli aveva dato
tutto nelle mani e che era venuto da Dio e a Dio ritornava, [4]si alzò da tavola,
depose le vesti, prese un asciugamano e se lo cinse attorno alla vita. [5]Poi
versò dell'acqua nel catino e cominciò a lavare i piedi dei discepoli e ad
asciugarli con l'asciugamano di cui si era cinto. [6]Venne dunque da Simon
Pietro e questi gli disse: «Signore, tu lavi i piedi a me?». [7]Rispose Gesù: «Quel-
lo che io faccio, tu ora non lo capisci; lo capirai dopo». [8]Gli disse Pietro: «Tu
non mi laverai i piedi in eterno!». Gli rispose Gesù: «Se non ti laverò, non
avrai parte con me». [9]Gli disse Simon Pietro: «Signore, non solo i miei piedi,
ma anche le mani e il capo!». [10]Soggiunse Gesù: «Chi ha fatto il bagno, non
ha bisogno di lavarsi se non i piedi ed è tutto puro; e voi siete puri, ma non
tutti». [11]Sapeva infatti chi lo tradiva; per questo disse: «Non tutti siete puri».
[12]Quando ebbe lavato loro i piedi, riprese le sue vesti, sedette di nuovo e
disse loro: «Capite quello che ho fatto per voi? [13]Voi mi chiamate il Maestro e
il Signore, e dite bene, perché lo sono. [14]Se dunque io, il Signore e il Maestro,
ho lavato i piedi a voi, anche voi dovete lavare i piedi gli uni agli altri. [15]Vi ho

dato un esempio, infatti, perché anche voi facciate come io ho fatto a voi.
[16]In verità, in verità io vi dico: un servo non è più grande del suo padrone, né
un inviato è più grande di chi lo ha mandato. [17]Sapendo queste cose, siete
beati se le mettete in pratica. [18]Non parlo di tutti voi; io conosco quelli che
ho scelto, ma deve compiersi la Scrittura: *Colui che mangia il mio pane* ha
alzato *contro di me il* suo *calcagno*. [19]Ve lo dico fin d'ora, prima che accada,
perché, quando sarà avvenuto, crediate che Io Sono. [20]In verità, in verità io vi
dico: chi accoglie colui che io manderò, accoglie me; chi accoglie me, acco-
glie colui che mi ha mandato».

Uno di voi mi tradirà (vedi *Mt* 26,20-25; *Mc* 14,17-21; *Lc* 22,21-23). [21]Dette queste cose,
Gesù fu profondamente turbato e dichiarò: «In verità, in verità io vi dico: uno
di voi mi tradirà». [22]I discepoli si guardavano l'un l'altro, non sapendo bene
di chi parlasse. [23]Ora uno dei discepoli, quello che Gesù amava, si trovava a
tavola al fianco di Gesù. [24]Simon Pietro gli fece cenno di informarsi chi fosse
quello di cui parlava. [25]Ed egli, chinandosi sul petto di Gesù, gli disse: «Signo-
re, chi è?». [26]Rispose Gesù: «È colui per il quale intingerò il boccone e glielo
darò». E, intinto il boccone, lo prese e lo diede a Giuda, figlio di Simone Isca-
riota. [27]Allora, dopo il boccone, Satana entrò in lui. Gli disse dunque Gesù:
«Quello che vuoi fare, fallo presto». [28]Nessuno dei commensali capì perché
gli avesse detto questo; [29]alcuni infatti pensavano che, poiché Giuda teneva
la cassa, Gesù gli avesse detto: «Compra quello che ci occorre per la festa»,
oppure che dovesse dare qualche cosa ai poveri. [30]Egli, preso il boccone,
subito uscì. Ed era notte.

Il comandamento nuovo. [31]Quando fu uscito, Gesù disse: «Ora il Figlio
dell'uomo è stato glorificato, e Dio è stato glorificato in lui. [32]Se Dio è stato

glorificato in lui, anche Dio lo glorificherà da parte sua e lo glorificherà subi-
to. [33]Figlioli, ancora per poco sono con voi; voi mi cercherete ma, come ho
detto ai Giudei, ora lo dico anche a voi: dove vado io, voi non potete venire.
[34]Vi do un comandamento nuovo: che vi amiate gli uni gli altri. Come io ho
amato voi, così amatevi anche voi gli uni gli altri. [35]Da questo tutti sapranno
che siete miei discepoli: se avete amore gli uni per gli altri».

Gesù annuncia il rinnegamento di Pietro. [36]Simon Pietro gli disse: «Signo-
re, dove vai?». Gli rispose Gesù: «Dove io vado, tu per ora non puoi seguirmi;
mi seguirai più tardi». [37]Pietro disse: «Signore, perché non posso seguirti
ora? Darò la mia vita per te!». [38]Rispose Gesù: «Darai la tua vita per me? In
verità, in verità io ti dico: non canterà il gallo, prima che tu non m'abbia rin-
negato tre volte.

14 **Gesù è la via che conduce al Padre.** [1]Non sia turbato il vostro cuore.
Abbiate fede in Dio e abbiate fede anche in me. [2]Nella casa del Padre
mio vi sono molte dimore. Se no, vi avrei mai detto: "Vado a prepararvi un
posto"? [3]Quando sarò andato e vi avrò preparato un posto, verrò di nuovo e
vi prenderò con me, perché dove sono io siate anche voi. [4]E del luogo dove
io vado, conoscete la via».
[5]Gli disse Tommaso: «Signore, non sappiamo dove vai; come possiamo
conoscere la via?». [6]Gli disse Gesù: «Io sono la via, la verità e la vita. Nessuno
viene al Padre se non per mezzo di me. [7]Se avete conosciuto me, conoscere-
te anche il Padre mio: fin da ora lo conoscete e lo avete veduto».
[8]Gli disse Filippo: «Signore, mostraci il Padre e ci basta». [9]Gli rispose Gesù:
«Da tanto tempo sono con voi e tu non mi hai conosciuto, Filippo? Chi ha

visto me, ha visto il Padre. Come puoi tu dire: "Mostraci il Padre"? [10]Non credi
che io sono nel Padre e il Padre è in me? Le parole che io vi dico, non le dico
da me stesso; ma il Padre, che rimane in me, compie le sue opere. [11]Crede-
te a me: io sono nel Padre e il Padre è in me. Se non altro, credetelo per le
opere stesse.
[12]In verità, in verità io vi dico: chi crede in me, anch'egli compirà le opere
che io compio e ne compirà di più grandi di queste, perché io vado al
Padre. [13]E qualunque cosa chiederete nel mio nome, la farò, perché il Padre
sia glorificato nel Figlio. [14]Se mi chiederete qualche cosa nel mio nome, io
la farò.

Gesù promette lo Spirito Santo. [15]Se mi amate, osserverete i miei coman-
damenti; [16]e io pregherò il Padre ed egli vi darà un altro Paràclito perché
rimanga con voi per sempre, [17]lo Spirito della verità, che il mondo non può
ricevere perché non lo vede e non lo conosce. Voi lo conoscete perché egli
rimane presso di voi e sarà in voi. [18]Non vi lascerò orfani: verrò da voi. [19]Anco-
ra un poco e il mondo non mi vedrà più; voi invece mi vedrete, perché io
vivo e voi vivrete. [20]In quel giorno voi saprete che io sono nel Padre mio e
voi in me e io in voi. [21]Chi accoglie i miei comandamenti e li osserva, questi è
colui che mi ama. Chi ama me sarà amato dal Padre mio e anch'io lo amerò
e mi manifesterò a lui».
[22]Gli disse Giuda, non l'Iscariota: «Signore, come è accaduto che devi manife-
starti a noi, e non al mondo?». [23]Gli rispose Gesù: «Se uno mi ama, osserverà
la mia parola e il Padre mio lo amerà e noi verremo a lui e prenderemo dimo-
ra presso di lui. [24]Chi non mi ama, non osserva le mie parole; e la parola che
voi ascoltate non è mia, ma del Padre che mi ha mandato.
[25]Vi ho detto queste cose mentre sono ancora presso di voi. [26]Ma il Paràclito,

lo Spirito Santo che il Padre manderà nel mio nome, lui vi insegnerà ogni
cosa e vi ricorderà tutto ciò che io vi ho detto.
[27]Vi lascio la pace, vi do la mia pace. Non come la dà il mondo, io la do a voi.
Non sia turbato il vostro cuore e non abbia timore. [28]Avete udito che vi ho
detto: "Vado e tornerò da voi". Se mi amaste, vi rallegrereste che io vado
al Padre, perché il Padre è più grande di me. [29]Ve l'ho detto ora, prima che
avvenga, perché, quando avverrà, voi crediate. [30]Non parlerò più a lungo
con voi, perché viene il principe del mondo; contro di me non può nulla,
[31]ma bisogna che il mondo sappia che io amo il Padre, e come il Padre mi ha
comandato, così io agisco. Alzatevi, andiamo via di qui».

15 **Gesù è la vera vite.** [1]«Io sono la vite vera e il Padre mio è l'agricoltore.
[2]Ogni tralcio che in me non porta frutto, lo taglia, e ogni tralcio che
porta frutto, lo pota perché porti più frutto. [3]Voi siete già puri, a causa della
parola che vi ho annunciato. [4]Rimanete in me e io in voi. Come il tralcio non
può portare frutto da se stesso se non rimane nella vite, così neanche voi se
non rimanete in me. [5]Io sono la vite, voi i tralci. Chi rimane in me, e io in lui,
porta molto frutto, perché senza di me non potete far nulla. [6]Chi non rimane
in me viene gettato via come il tralcio e secca; poi lo raccolgono, lo gettano
nel fuoco e lo bruciano. [7]Se rimanete in me e le mie parole rimangono in
voi, chiedete quello che volete e vi sarà fatto. [8]In questo è glorificato il Padre
mio: che portiate molto frutto e diventiate miei discepoli.
[9]Come il Padre ha amato me, anche io ho amato voi. Rimanete nel mio amo-
re. [10]Se osserverete i miei comandamenti, rimarrete nel mio amore, come io
ho osservato i comandamenti del Padre mio e rimango nel suo amore. [11]Vi
ho detto queste cose perché la mia gioia sia in voi e la vostra gioia sia piena.

Amatevi gli uni gli altri. 12 Questo è il mio comandamento: che vi amiate
gli uni gli altri come io ho amato voi. 13 Nessuno ha un amore più grande di
questo: dare la sua vita per i propri amici. 14 Voi siete miei amici, se fate ciò
che io vi comando. 15 Non vi chiamo più servi, perché il servo non sa quello
che fa il suo padrone; ma vi ho chiamato amici, perché tutto ciò che ho udito
dal Padre mio l'ho fatto conoscere a voi. 16 Non voi avete scelto me, ma io ho
scelto voi e vi ho costituiti perché andiate e portiate frutto e il vostro frutto
rimanga; perché tutto quello che chiederete al Padre nel mio nome, ve lo
conceda. 17 Questo vi comando: che vi amiate gli uni gli altri.

Gesù predice odio e persecuzioni. 18 Se il mondo vi odia, sappiate che pri-
ma di voi ha odiato me. 19 Se foste del mondo, il mondo amerebbe ciò che
è suo; poiché invece non siete del mondo, ma vi ho scelti io dal mondo,
per questo il mondo vi odia. 20 Ricordatevi della parola che io vi ho detto:
"Un servo non è più grande del suo padrone". Se hanno perseguitato me,
perseguiteranno anche voi; se hanno osservato la mia parola, osserveran-
no anche la vostra. 21 Ma faranno a voi tutto questo a causa del mio nome,
perché non conoscono colui che mi ha mandato. 22 Se io non fossi venuto e
non avessi parlato loro, non avrebbero alcun peccato; ma ora non hanno
scusa per il loro peccato. 23 Chi odia me, odia anche il Padre mio. 24 Se non
avessi compiuto in mezzo a loro opere che nessun altro ha mai compiuto,
non avrebbero alcun peccato; ora invece hanno visto e hanno odiato me e il
Padre mio. 25 Ma questo, perché si compisse la parola che sta scritta nella loro
Legge: *Mi hanno odiato senza ragione*.
26 Quando verrà il Paràclito, che io vi manderò dal Padre, lo Spirito della veri-
tà che procede dal Padre, egli darà testimonianza di me; 27 e anche voi date
testimonianza, perché siete con me fin dal principio.

16 **Il *Paràclito.*** [1]Vi ho detto queste cose perché non abbiate a scan-
dalizzarvi. [2]Vi scacceranno dalle sinagoghe; anzi, viene l'ora in cui
chiunque vi ucciderà crederà di rendere culto a Dio. [3]E faranno ciò, perché
non hanno conosciuto né il Padre né me. [4]Ma vi ho detto queste cose affin-
ché, quando verrà la loro ora, ve ne ricordiate, perché io ve l'ho detto.
Non ve l'ho detto dal principio, perché ero con voi. [5]Ora però vado da colui
che mi ha mandato e nessuno di voi mi domanda: "Dove vai?". [6]Anzi, perché
vi ho detto questo, la tristezza ha riempito il vostro cuore. [7]Ma io vi dico la
verità: è bene per voi che io me ne vada, perché, se non me ne vado, non
verrà a voi il Paràclito; se invece me ne vado, lo manderò a voi. [8]E quando
sarà venuto, dimostrerà la colpa del mondo riguardo al peccato, alla giusti-
zia e al giudizio. [9]Riguardo al peccato, perché non credono in me; [10]riguardo
alla giustizia, perché vado al Padre e non mi vedrete più; [11]riguardo al giudi-
zio, perché il principe di questo mondo è già condannato.
[12]Molte cose ho ancora da dirvi, ma per il momento non siete capaci di por-
tarne il peso. [13]Quando verrà lui, lo Spirito della verità, vi guiderà a tutta la
verità, perché non parlerà da se stesso, ma dirà tutto ciò che avrà udito e vi
annuncerà le cose future. [14]Egli mi glorificherà, perché prenderà da quel che
è mio e ve lo annuncerà. [15]Tutto quello che il Padre possiede è mio; per que-
sto ho detto che prenderà da quel che è mio e ve lo annuncerà.

La vostra tristezza si cambierà in gioia. [16]Un poco e non mi vedrete più;
un poco ancora e mi vedrete». [17]Allora alcuni dei suoi discepoli dissero tra
loro: «Che cos'è questo che ci dice: "Un poco e non mi vedrete; un poco
ancora e mi vedrete", e: "Io me ne vado al Padre"?». [18]Dicevano perciò: «Che
cos'è questo "un poco", di cui parla? Non comprendiamo quello che vuol
dire».

19Gesù capì che volevano interrogarlo e disse loro: «State indagando tra voi
perché ho detto: "Un poco e non mi vedrete; un poco ancora e mi vedrete"?
20In verità, in verità io vi dico: voi piangerete e gemerete, ma il mondo si ral-
legrerà. Voi sarete nella tristezza, ma la vostra tristezza si cambierà in gioia.
21La donna, quando partorisce, è nel dolore, perché è venuta la sua ora; ma,
quando ha dato alla luce il bambino, non si ricorda più della sofferenza, per
la gioia che è venuto al mondo un uomo. 22Così anche voi, ora, siete nel
dolore; ma vi vedrò di nuovo e il vostro cuore si rallegrerà e nessuno potrà
togliervi la vostra gioia. 23Quel giorno non mi domanderete più nulla.
In verità, in verità io vi dico: se chiederete qualche cosa al Padre nel mio
nome, egli ve la darà. 24Finora non avete chiesto nulla nel mio nome. Chie-
dete e otterrete, perché la vostra gioia sia piena.

Io ho vinto il mondo! 25Queste cose ve le ho dette in modo velato, ma viene
l'ora in cui non vi parlerò più in modo velato e apertamente vi parlerò del
Padre. 26In quel giorno chiederete nel mio nome e non vi dico che pregherò
il Padre per voi: 27il Padre stesso infatti vi ama, perché voi avete amato me
e avete creduto che io sono uscito da Dio. 28Sono uscito dal Padre e sono
venuto nel mondo; ora lascio di nuovo il mondo e vado al Padre».
29Gli dicono i suoi discepoli: «Ecco, ora parli apertamente e non più in modo
velato. 30Ora sappiamo che tu sai tutto e non hai bisogno che alcuno t'in-
terroghi. Per questo crediamo che sei uscito da Dio». 31Rispose loro Gesù:
«Adesso credete? 32Ecco, viene l'ora, anzi è già venuta, in cui vi disperderete
ciascuno per conto suo e mi lascerete solo; ma io non sono solo, perché il
Padre è con me.
33Vi ho detto questo perché abbiate pace in me. Nel mondo avete tribolazio-
ni, ma abbiate coraggio: io ho vinto il mondo!».

17 **Preghiera di Gesù al Padre per i discepoli e per i futuri credenti.**
1Così parlò Gesù. Poi, alzàti gli occhi al cielo, disse: «Padre, è venuta
l'ora: glorifica il Figlio tuo perché il Figlio glorifichi te. 2Tu gli hai dato potere
su ogni essere umano, perché egli dia la vita eterna a tutti coloro che gli hai
dato. 3Questa è la vita eterna: che conoscano te, l'unico vero Dio, e colui che
hai mandato, Gesù Cristo. 4Io ti ho glorificato sulla terra, compiendo l'opera
che mi hai dato da fare. 5E ora, Padre, glorificami davanti a te con quella glo-
ria che io avevo presso di te prima che il mondo fosse.
6Ho manifestato il tuo nome agli uomini che mi hai dato dal mondo. Erano
tuoi e li hai dati a me, ed essi hanno osservato la tua parola. 7Ora essi sanno
che tutte le cose che mi hai dato vengono da te, 8perché le parole che hai
dato a me io le ho date a loro. Essi le hanno accolte e sanno veramente che
sono uscito da te e hanno creduto che tu mi hai mandato.
9Io prego per loro; non prego per il mondo, ma per coloro che tu mi hai dato,
perché sono tuoi. 10Tutte le cose mie sono tue, e le tue sono mie, e io sono
glorificato in loro. 11Io non sono più nel mondo; essi invece sono nel mondo,
e io vengo a te. Padre santo, custodiscili nel tuo nome, quello che mi hai
dato, perché siano una sola cosa, come noi.
12Quand'ero con loro, io li custodivo nel tuo nome, quello che mi hai dato, e
li ho conservati, e nessuno di loro è andato perduto, tranne il figlio della per-
dizione, perché si compisse la Scrittura. 13Ma ora io vengo a te e dico questo
mentre sono nel mondo, perché abbiano in se stessi la pienezza della mia
gioia. 14Io ho dato loro la tua parola e il mondo li ha odiati, perché essi non
sono del mondo, come io non sono del mondo.
15Non prego che tu li tolga dal mondo, ma che tu li custodisca dal Maligno.
16Essi non sono del mondo, come io non sono del mondo. 17Consacrali nella
verità. La tua parola è verità. 18Come tu hai mandato me nel mondo, anche

io ho mandato loro nel mondo; [19]per loro io consacro me stesso, perché sia-
no anch'essi consacrati nella verità.
[20]Non prego solo per questi, ma anche per quelli che crederanno in me
mediante la loro parola: [21]perché tutti siano una sola cosa; come tu, Padre,
sei in me e io in te, siano anch'essi in noi, perché il mondo creda che tu mi
hai mandato.
[22]E la gloria che tu hai dato a me, io l'ho data a loro, perché siano una sola
cosa come noi siamo una sola cosa. [23]Io in loro e tu in me, perché siano per-
fetti nell'unità e il mondo conosca che tu mi hai mandato e che li hai amati
come hai amato me.
[24]Padre, voglio che quelli che mi hai dato siano anch'essi con me dove sono
io, perché contemplino la mia gloria, quella che tu mi hai dato; poiché mi hai
amato prima della creazione del mondo.
[25]Padre giusto, il mondo non ti ha conosciuto, ma io ti ho conosciuto, e que-
sti hanno conosciuto che tu mi hai mandato. [26]E io ho fatto conoscere loro il
tuo nome e lo farò conoscere, perché l'amore con il quale mi hai amato sia
in essi e io in loro».

INDICAZIONI PER INTRODURRE ALLA LETTURA DEL *VANGELO SECONDO GIOVANNI* (13–17)

1. Uno sguardo d'insieme ai capitoli 13–17

1.1. Il contesto narrativo

L'alta valle del Cedron circonda Gerusalemme da nord a est, dividendo il Monte Sion dal Monte degli Ulivi. Oltre che prendere il nome dal torrente che la attraversa, specialmente quando piove, è tradizionalmente chiamata anche Valle di Giosafat, dove saranno radunate tutte le nazioni per il giudizio finale, secondo la profezia di Gioele (4,1-2.12).

Uscendo dalla città, sulla via verso Gerico, appena guadato il Cedron ci si imbatte in un giardino, il Getsemani. Il tragitto dalla città a questo giardino occupa uno spazio relativamente ridotto, eppure assai

significativo per il *Vangelo secondo Giovanni*. Tra una sponda e l'altra della valle, Gesù compie il gesto della lavanda dei piedi durante la cena (13,2-20), Giuda esce per tradire (13,21-30), mentre i discepoli ascoltano l'ultimo grande discorso di Gesù, che si conclude in forma di preghiera (13,31–17,26).
Fino al termine del capitolo 12, Gesù ha impegnato parecchio tempo nell'incontro con tutti. Si è dedicato alla folla (specialmente in *Gv* 5–12), ma anche a singoli personaggi: da Nicodemo alla Samaritana, dal paralitico al cieco nato, fino agli amici di Betania Marta, Maria e Lazzaro. Non si è risparmiato nemmeno con "i Giudei", un personaggio tipicamente giovanneo, che impersona sulla scena del racconto il rifiuto progressivo di Gesù. Tale rifiuto è dovuto al non riconoscimento di lui come "l'Inviato del Padre", come egli stesso si definisce spesso in *Gv* 1–12.
Nei capitoli 13–17, invece, Gesù si concentra unicamente sui suoi discepoli, parlando di sé non più come di colui che è mandato dal Padre nel mondo, ma come di colui che deve tornare al Padre (*Gv* 14,12.28; 16,10.17.28; 17,11.13; cfr. 13,1). È una descrizione così

vivida che non di rado Gesù sembra essere già tornato al Padre, mentre invece sta ancora parlando con i suoi. Questo modo di esprimersi ha ragionevolmente indotto alcuni studiosi a interpretare l'immagine di Gesù in queste pagine del quarto Vangelo come il "Cristo in transito": perciò il lettore è invitato a guardare a lui come già in movimento verso il Padre, nel mentre che pronuncia il suo discorso.

1.2. Alcune sottolineature generali

Una simile considerazione permette due sottolineature. La prima è che le parole di Gesù sono parte integrante della sua Pasqua o, per dirla in termini giovannei, della "glorificazione". L'ora di Gesù si compie sulla croce (19,28-20), ma è già in atto mentre egli si congeda dai suoi discepoli, preparandoli al tempo in cui non sarà più con loro. Ed ecco allora la seconda sottolineatura, che evidenzia il valore strategico di questi capitoli: la lavanda dei piedi e il discorso successivamente pronunciato da Gesù costituiscono la chiave di accesso al senso della sua morte e della sua risurrezione.

Il «maestro e signore» (cfr. 13,13-14) consegna ai suoi discepoli un gesto e delle parole che costoro non possono comprendere immediatamente, ma solo in seguito. Poco dopo, molti di loro si dilegueranno (cfr. 16,32), Giuda tradirà (18,2-2-5), Pietro rinnegherà (18,15-18). A tutti però sono lavati i piedi e tutti ascoltano il suo discorso, eccetto colui che è uscito per tradire (13,27-30). Nel complesso, questo discorso non ha la pretesa di convincere o chiarire tutto e subito. Piuttosto esso ha lo scopo di preparare e abilitare a diverse dimensioni della vita successiva alla Pasqua, come per esempio credere (13,19), testimoniare (15,26-27) ricordare (14,12; 16,4a), passare dalla tristezza alla gioia (16,19-23) e vivere in unità (17,11.20-23).
Ecco, dunque, ciò a cui mirano questi capitoli: abilitare i discepoli, avviando per loro dei percorsi che potranno compiere dopo la Pasqua. Gesù non ha fretta: non pretende che capiscano tutto e subito (cfr. 16,12-15), ma li mette nelle condizioni di poter rileggere nella sua pace gli eventi che vivranno in seguito, alla luce del suo stesso gesto e delle sue stesse parole (16,33).

Di conseguenza, i discepoli non sono spettatori di un monologo, ma sono interlocutori in una preparazione. Anche quando Gesù non parla più direttamente a loro, ma si rivolge al Padre (cfr. *Gv* 17), costoro non sono esclusi o ignorati. Gesù prega per loro e così li coinvolge non solo nella sua preghiera, ma nella sua stessa relazione con il Padre suo. Questo desiderio è così grande che – se si legge il testo greco – quasi le parole non gli bastano per dirlo: «Padre, quelli che mi hai dato, voglio che anche costoro siano con me dove sono io, affinché vedano la mia gloria, che mi hai dato perché mi ami da prima della fondazione del mondo» (17,24).

Da questi primi spunti su *Gv* 13–17 si può intuire come questa sezione del quarto Vangelo non contenga solamente dei temi, né si limiti a esporre dei contenuti. Quanto è riportato in queste pagine giovannee offre uno sguardo particolare sul tempo successivo alla Pasqua, il tempo della comunità dei discepoli. L'intento di Gesù non consiste nel fornire ai suoi un'esposizione ordinata e riassuntiva degli insegnamenti dati, bensì nell'abilitazione a un percorso: benché non sia ideale né soddisfacente, il punto in cui si trovano coloro che stanno ascoltando Gesù diviene il punto di partenza di un cammino di crescita di fede, di memoria, di testimonianza e di unità.

2. La composizione di *Gv* 13–17

2.1. Come si compongono questi capitoli?

Prima di affrontare un testo, è importante individuare la sua composizione, intuendo le parti che lo costituiscono e i passaggi che esso propone. L'operazione da compiere è simile alla consultazione di una mappa, prima di intraprendere un viaggio: si osserva l'intero percorso, si individuano i punti di svolta e gli attraversamenti più impegnativi; si evidenziano i possibili punti di riferimento, immaginando – perché no? – anche qualche scorcio in cui ci si imbatterà.
È piuttosto facile individuare in questi capitoli tre punti di cesura assai forte. Il primo coincide con l'allontanamento di Giuda dalla tavola e la sua uscita

di scena (13,30). Da qui, Gesù comincia un discorso ai suoi, esordendo con l'avvenuta glorificazione di lui e del Padre (13,31). Un secondo punto di cesura si trova alla fine del capitolo 14, con l'invito perentorio di Gesù verso i suoi discepoli: «Alzatevi! Andiamocene da qui» (v. 31). L'esclamazione sembra concludere quanto sta dicendo, preparando uno spostamento dei personaggi; invece, con l'inizio del capitolo 15, Gesù riprende a parlare per ben altri tre capitoli! La terza cesura s'incontra all'inizio del capitolo 17 quando, sempre Gesù, «alzando i suoi occhi al cielo» (v. 1) si rivolge direttamente al Padre, rendendo in qualche modo i discepoli "spettatori" della sua preghiera. In coincidenza di questi tre punti, possiamo individuare altrettante svolte nel percorso argomentativo di questi capitoli, che pertanto possono essere letti con la seguente scansione: dopo un primo momento narrativo, caratterizzato dalla lavanda dei piedi e dall'uscita del traditore (13,2-30), segue un discorso di Gesù ai suoi articolato in tre parti, delle quali considereremo sinteticamente i contenuti nelle prossime pagine (13,31–14,31; 15,1–16,33; 17,1-26).

2.1.1. La lavanda dei piedi e l'uscita del traditore (13,2-30)

Dopo il versetto che apre l'intera seconda parte del Vangelo (13,1), la scena si avvia con Gesù e i discepoli attorno alla tavola, durante una cena. Diversamente dai sinottici, non viene raccontata alcuna preparazione del banchetto, né sono ricordati i gesti di Gesù sul pane e sul calice (cfr. *Mt* 26,17-29; *Mc* 14;12-25; *Lc* 22,7-20). È difficile che si tratti di una dimenticanza, data l'importanza che l'ultima cena ha da subito avuto all'interno delle comunità cristiane. È invece più probabile – come sostiene la maggioranza degli studiosi – che il narratore giovanneo dia per conosciuto l'episodio e che pertanto si senta libero di soffermarsi su un fatto marginale di quella sera, cogliendo in esso il senso di tutto quanto è accaduto: il pane spezzato e il vino offerto non esprimono forse la vita donata di Gesù? E il senso di questo dono non è forse ultimamente il gesto di Colui che si mette in ginocchio davanti all'uomo, chiedendogli anzitutto di lasciarlo fare, di lasciare che lui per primo lavi i piedi a noi?

Come si notava precedentemente, questa prima parte è caratterizzata anche dalla presenza di Giuda. Fino a un certo punto, infatti, anche lui è seduto a tavola con gli altri discepoli, vedendosi lavare i piedi, ascoltando la spiegazione di questo gesto (13,2-20) e ricevendo da Gesù il boccone, dopo che è stato annunciato il tradimento (13,21-29). La sua uscita corrisponde alla notte del discepolo che rifiuta, non avendo riconosciuto Gesù come l'Inviato del Padre: «Prendendo dunque il boccone, costui uscì subito. E così era notte» (13,30).

2.1.2. La prima parte del discorso di Gesù (13,31–14,31)

Uscito Giuda, si passa alla seconda parte di questi capitoli. Gesù comincia a parlare ai suoi come se la propria glorificazione fosse già in corso d'opera: «Ora è stato glorificato il figlio dell'uomo; anche Dio viene glorificato in lui» (13,31). In questa porzione del testo, Gesù abilita i suoi a vivere in modo credente la sua assenza fisica.

Le domande dei discepoli presenti in questi versetti possono aiutare a non perdere il filo del discorso. Il primo a intervenire è Pietro, che vorrebbe sapere dove va Gesù e vorrebbe seguirlo subito: «Signore, dove vai? [...] Perché non posso seguirti adesso?» (13,36-37). Alla domanda di Pietro, fa eco poco dopo quella di Tommaso, che dà voce a una sorta di disorientamento: «Signore, non sappiamo dove vai: come possiamo conoscere la via?» (14,5). I discepoli intuiscono che la partenza di Gesù contribuisce alla rivelazione del Padre e che tutto ciò ha delle implicazioni sulle loro vite; tuttavia, faticano a comprendere come questo possa avvenire. Sarebbe sufficiente – come afferma Filippo, appena dopo Tommaso – che Gesù mostrasse il Padre (14,8). Detto altrimenti, i discepoli colgono dalle parole di Gesù l'imminenza di un mutamento importante, delicato e complesso: il tempo che stanno per vivere è tempo di rivelazione, ma anche tempo di cambiamento. Come allora non perdersi? Come rimanere fedeli alla via che è Gesù, se lui non sarà più disponibile nei modi consueti? Non sarebbe più semplice che mostrasse il Padre, senza troppe complicazioni?

A queste domande si aggiunge anche quella di Giuda, non l'Iscariota, che poco più avanti chiede: «Signore, com'è avvenuto che stai per manifestarti a noi e non al mondo?» (14,22). In quest'ultimo interrogativo, si può notare un passaggio significativo del discorso: quando i discepoli sono seriamente interpellati nella loro fede dall'assenza di Gesù, inevitabilmente si sentono anche interrogati sul loro rapporto con il mondo. Emergono così le due domande fondamentali del discepolo: come vivere il mio cammino di fede, mentre Gesù è tornato al Padre (ossia, nel tempo della Pasqua)? E come vivere il mio rapporto con il mondo, mentre percorro questa via nella fede?
A queste domande, Gesù risponde affermando – forse in modo un po' strano – che il suo ritorno al Padre non causa l'abbandono dei suoi: «Non vi lascerò orfani, vengo da voi» (14,18). C'è un cambiamento in atto. E Gesù prepara i discepoli ad attraversarlo, senza fughe né smarrimenti. Per questo, egli li aiuta a guardare tale cambiamento come un cammino: è il percorso in cui imparare a rimanere in lui e lasciare che lui rimanga in loro; in esso possono esercitarsi

a chiedere «nel suo nome». Ed è in questo itinerario che lo Spirito della verità insegna a fare memoria nel mondo.

2.1.3. La seconda parte del discorso di Gesù (15,1–16,33)

Passando alla seconda tappa del discorso (*Gv* 15–16), l'attenzione si sposta dai singoli alla comunità dei discepoli. Che cosa rende l'insieme dei discepoli una comunità? La risposta prende in considerazione tre dimensioni: quella intracomunitaria (15,1-17), quella esterna del rapporto con il mondo (15,18–16,4a) e, infine, quella del passaggio da vivere nel tempo successivo alla Pasqua (16,4b-33).
La dimensione intracomunitaria viene spiegata attraverso l'immagine della vite e dei tralci (15,1-17). Ciò che sta alla radice di una comunità è la scelta di Gesù (15,16), che elegge i suoi come «amici» (15,13-15). Questo non esclude nessuno, ma evidenzia come non c'è comunità se non c'è chiamata, proprio come il tralcio non vive se non c'è la vite. È questa scelta

che dà qualità alle relazioni. Qualità che Gesù descrive in termini di amicizia: la chiamata innesta la vita comunitaria nella vita donata di Gesù, mediante il comandamento dell'amore reciproco (15,12-15). Il frutto promesso è la pienezza della gioia, intesa come condivisione della gioia di Gesù (15,11), che consiste ultimamente nella sua relazione con il Padre: i discepoli possono sperimentare la gioia di questo rapporto nella misura in cui diventano una comunità, in forza della loro chiamata e dell'amore reciproco.

La comunità dei discepoli deve poi considerare un rapporto con l'esterno, denominato «il mondo» (15,18–16,4a). Uscendo da se stessa, essa potrebbe imbattersi nell'incomprensione e persino sperimentare il rifiuto e l'odio: è successo così anche a Gesù e, quindi, anche al Padre (15,18-24; 16,2-3). Persino nell'esperienza di un'opposizione ingiustificata (15,25) e addirittura della persecuzione, l'insieme dei discepoli può vivere la propria dimensione comunitaria attraverso la testimonianza: infatti, è testimoniando che il gruppo diventa una comunità. Se, per un verso, questo avviene perché essa sperimenta il dono del Paraclito, che è maestro nel testimoniare ed è inviato da Gesù e dal Padre (15,26-27), per altro verso, questo si verifica perché è nella testimonianza che la comunità fa memoria delle parole di Gesù anche nei momenti più difficili, evitando così di scandalizzarsi e di indurirsi (16,1.4a).

L'ultima parte di questi due capitoli è dedicata a una terza dimensione costitutiva della comunità dei discepoli: il passaggio dalla tristezza alla gioia (16,4b-33). Ritorna in questa parte il riferimento al «piccolo tempo» (16,16-19; cfr. 13,33; 14,19), caratterizzato dal cambiamento della separazione imminente dalla presenza fisica di Gesù e dalla fatica di doversi misurare con un'avversione esterna. Come stare dentro un tempo così? O meglio: come essere comunità dentro un tempo simile, di cambiamento e di esperienza di rifiuto?

Gesù non risponde cercando di offrire convinzioni, né fornisce particolari motivazioni e nemmeno pianifica azioni specifiche; piuttosto, egli indica l'atteggiamento necessario per vivere questo attraversamento facendosi aiutare dall'immagine della donna partoriente (16,21-23). Come il tempo della comunità post pasquale, anche l'esperienza del parto implica per la donna un cambiamento profondo e totale, che attraversa la sofferenza del travaglio fino a giungere alla gioia dell'aver dato la vita: è un passaggio. Trovandosi all'interno di un cambiamento e di una tribolazione, i discepoli costituiscono una comunità nella misura in cui custodiscono questo atteggiamento del passaggio. Così inteso, il «piccolo tempo» del passaggio indica certamente l'imminenza di ciò che si verificherà a breve, ma non solo: infatti, quest'espressione viene utilizzata anche in momenti del racconto non proprio a ridosso dell'arresto di Gesù (cfr. 7,33). Perciò, oltre che la quantità temporale, questo «piccolo tempo» indica anche la qualità pasquale della vita comunitaria dei discepoli: non a caso, infatti, la traduzione letterale del termine «pasqua» è «passaggio».

Ed ecco, allora, l'importanza dell'immagine della partoriente: il momento in cui Gesù parla è l'inizio del travaglio che la comunità giovannea è chiamata a vivere. Questo segnala certamente l'imminenza del parto, ma non si limita a segnare un tempo di breve durata: non sempre il travaglio lo è, specialmente per chi lo attraversa! Esso indica piuttosto l'avvio di un passaggio, che fa del cambiamento un percorso progressivo, nel quale la donna passa dalla sofferenza alla gioia. Soffermandoci sul contesto del discorso pronunciato da Gesù, il passaggio prospettato alla comunità dei discepoli si nutre mediante due azioni particolari: quella dello Spirito di verità, che guida lo sguardo della comunità sul mondo e sulla storia (16,12-15), e quella della preghiera comunitaria, che si unisce alla preghiera di Gesù verso il Padre (16,25-28). In altre parole, ciò che permette di vivere ogni cambiamento come passaggio sono l'azione dello Spirito e la preghiera della comunità: i cambiamenti avvengono per circostanze di natura storica (non sempre pianificabili), invece il passaggio è frutto di un percorso spirituale.

2.1.4. La terza e ultima parte del discorso di Gesù (17,1-26)

Nell'ultima tappa del discorso, Gesù cambia il modo di esprimersi, non rivolgendosi più direttamente ai suoi discepoli, bensì al Padre: «Gesù disse queste cose e, alzando i suoi occhi al cielo, disse...» (17,1a).

Una tradizione antica di secoli (abitualmente fatta risalire al XVI secolo d.C.) definisce questo capitolo diciassettesimo come la preghiera «sacerdotale» di Gesù, a motivo soprattutto delle espressioni contenute nei versetti 17.19, spesso tradotte con il verbo «consacrare». Oggi, tuttavia, si è cauti nell'impiego di questo titolo, perché rischia di travisare la figura di Gesù descritta dall'evangelista e perché è riduttivo rispetto alla ricchezza di questa parte finale del discorso.

Si possono individuare almeno tre grandi intenzioni in questa preghiera. La prima è la glorificazione di Gesù e del Padre (vv. 1-8), la seconda è la custodia e la santificazione dei discepoli (vv. 9-19), mentre l'ultima è l'unità di tutta la comunità credente, compresi anche quelli che verranno dopo (vv. 20-26).

Nella prima intenzione, Gesù prega perché la glorificazione reciproca di lui e del Padre coinvolga la comunità dei suoi nella vita eterna, come vien detto al versetto 3: «… che conoscano te, il solo vero Dio, e colui che hai inviato, Gesù Cristo». Nella seconda intenzione, invece, Gesù chiede che il Padre custodisca (vv. 11-16) e santifichi (vv. 17-19) i discepoli, come anche lui li ha custoditi e proprio perché lui si è santificato per loro. Gesù sottolinea come non è suo scopo chiedere che il Padre tolga i suoi dal mondo (v. 15); anzi, dopo Pasqua occorre che essi stiano nel mondo, continuando a sperimentare al suo interno la custodia e la santificazione che il Padre ha già iniziato a operare attraverso Gesù. L'ultima intenzione si sofferma sull'unità di tutti coloro che credono, presenti e futuri, a immagine e somiglianza dell'unità tra il Padre e il Figlio: è infatti quest'unità tra i credenti che aiuta il mondo a conoscere chi è Dio e di quale amore è capace (vv. 21.23).

In questa preghiera, sono dunque ricapitolate le tre dimensioni fondamentali che hanno innervato tutto il discorso precedente: anzitutto, credere e conoscere Dio mediante la glorificazione pasquale; secondariamente, riconoscere l'azione di custodia e santificazione della comunità all'interno del mondo; e infine, vivere comunitariamente l'unità, come partecipazione e come testimonianza verso il mondo della comunione del Padre e del Figlio.

3. La formazione di *Gv* 13–17

Per quanto possibile, anche la storia della formazione di un testo biblico può aiutarlo a essere parola viva. Cercando di capire come esso si sia formato, infatti, si può anche cogliere quali passi ha compiuto l'autore che lo ha composto e quale cammino ha effettuato la comunità a cui era destinato.

Potrebbe succedere che alcuni di questi passi o qualche tratto di questo cammino presenti delle affinità con quanto stiamo vivendo noi oggi, come singoli e come comunità cristiana. Se così fosse – occorrerà capirlo insieme – sarà ancor più illuminate e fecondo leggere e meditare queste pagine!

Osservando il complesso di questi capitoli, alcuni autori hanno recentemente notato che la progressione tra le varie parti non è casuale: c'è anzitutto un

gesto fondativo che Gesù compie nonostante l'ombra del tradimento, ossia la lavanda dei piedi (13,1-30). Segue poi una sequenza di almeno tre cambiamenti, che hanno profondamente segnato la storia della comunità giovannea: il primo riguarda il tempo subito dopo la Pasqua, quando ciascun discepolo appartenente a essa ha dovuto fare i conti con l'assenza di Gesù, cercando di capire come continuare a credere in lui e come rapportarsi con il mondo (13,31–14-31). Il secondo cambiamento è dato dall'esperienza del rifiuto e della persecuzione, che ha comportato uno spostamento della riflessione sulla dimensione comunitaria del gruppo dei discepoli: la comunità si caratterizza per la sua testimonianza verso il mondo e per l'opera dello Spirito, che la aiuta a passare dalla tristezza alla gioia (15,1–16,33).
L'ultima parte del discorso (*Gv* 17) riprende tanto il tema dell'assenza di Gesù (v. 11) quanto quello dell'odio del mondo (vv. 14.16). Qui il cambiamento non è dato dal verificarsi di una circostanza nuova, ma dalla maturazione della consapevolezza che il mondo è il luogo in cui la comunità giovannea deve

rimanere, con le bellezze e le fatiche che questo comporta (v. 15): restando nel mondo, essa conosce Dio (vv. 3-8), si riconosce custodita e santificata dal Padre e dal Figlio (vv. 11-16) e si conforma sempre più all'unità di loro due, al fine di aiutare anche il mondo a conoscere l'amore di Dio (vv. 20-26).

Ci sono, dunque, tracce di una progressione storica, che potrebbe aver segnato il cammino di fede di questa comunità e che, oggi, mostra il modo in cui essa abbia attraversato alcuni cambiamenti, vivendoli come passaggi spirituali. Pare, infatti, che le diverse parti di questi capitoli siano il frutto di un lavoro comune di trasmissione e attualizzazione del messaggio ricevuto: nel susseguirsi delle situazioni storiche incontrate, la comunità giovannea si è chiesta come le parole di Gesù potessero essere ancora attuali; così, sotto la guida dello Spirito, ha progressivamente imparato a stare nel mondo e ad attraversare i cambiamenti della storia, scorgendo in essi ciò a cui restare fedele e il modo autentico per essere testimone.

Appare dunque proficuo non limitarsi a rileggere questi capitoli soltanto come se fossero un unico discorso, con una sua sequenza logica (che pure c'è, come abbiamo detto). Può altresì essere illuminante meditare ciascuna parte di questa sezione del quarto Vangelo, individuandovi l'atteggiamento assunto dalla comunità giovannea e il percorso da lei compiuto: riconoscendosi sotto la guida dello Spirito, ha attraversato vari cambiamenti della storia, imparando di volta in volta a far memoria di quanto aveva ricevuto e ad attualizzarlo in una situazione nuova, riuscendo così a crescere come testimone fedele dell'amore di Gesù nel mondo.

IMMAGINARE IL GRUPPO BARNABA E L'ASSEMBLEA SINODALE DECANALE

La nostra Chiesa diocesana è chiamata a una forma di comunione più intensa e più diversificata per una missione più coraggiosa.
Il Sinodo *Chiesa dalle genti* così ha immaginato lo stile con cui dare volto alla Chiesa che abita il territorio geografico ed esistenziale:

> Nella sua composizione plurale e in continua trasformazione, la Chiesa dalle genti suggerisce la necessità di individuare occasioni e luoghi di dialogo e confronto, nei quali: raccogliere e fare sintesi delle esperienze maturate sul territorio, favorendo la reciproca conoscenza e, laddove possibile, avviare altre iniziative affini considerate positive; far crescere la consapevolezza dei processi di mutamento, dei nuovi bisogni e delle nuove

sfide che essi portano con sé; favorire la maturazione di competenze e il rinnovamento dell'azione pastorale.
(*Sinodo Chiesa dalle genti. Responsabilità e prospettive*, Cost. 1§1)

L'**Assemblea Sinodale Decanale** è l'organismo che appare più proporzionato al compito indicato dal Sinodo minore.
Il Sinodo *Chiesa dalle genti* ha pure immaginato il compito proprio del decanato: «Quello di svolgere la funzione insostituibile di *incubatore di legami di comunione* e pertanto gli è richiesto di rendere manifesta questa missione coinvolgendo espressamente nella sua azione i diversi soggetti ecclesiali» (*Sinodo Chiesa dalle genti. Responsabilità e prospettive*, Cost. 2§1).
Il **Gruppo Barnaba** è il nucleo apostolico che avvia il percorso che deve condurre a favorire la corresponsabilità nel discernimento e nella missione per costituire le Assemblee Sinodali in ogni decanato. La scelta del nome dice il desiderio di essere anche noi come Barnaba che «giunse e vide la grazia di Dio,

si rallegrò ed esortava tutti a restare, con cuore risoluto, fedeli al Signore, da uomo virtuoso qual era e pieno di Spirito Santo e di fede» (*At* 11,23-24a).

Il Gruppo Barnaba è composto da un/una moderatore/moderatrice laico/a o consacrato/a che sarà il/la rappresentante del decanato al Consiglio pastorale diocesano; dal decano; dal segretario del decanato; da altre persone scelte anche in collaborazione con gli Uffici e Servizi di Curia, l'AC e le altre aggregazioni ecclesiali. Tutti abbiano uno spiccato *sensus ecclesiae* e ardore spirituale e non abbiano incarichi rilevanti a livello parrocchiale in termini di investimento e di tempo.

Il Gruppo Barnaba **ha il compito** di immaginare il volto concreto dell'Assemblea Sinodale Decanale in cui tutte le vocazioni e i soggetti ecclesiali contribuiscano a leggere la situazione e a definire le priorità che la missione impone per quel territorio.

- Inizia il cammino rileggendo insieme la *Lettera dell'Arcivescovo al Clero* dell'8 gennaio 2021, con riferimento alle Costituzioni 1-3 del *Sinodo Chiesa dalle genti. Responsabilità e prospettive.*

- Predispone una presentazione essenziale della realtà del decanato, riconoscendo i "germogli di Chiesa dalle genti" presenti e le caratteristiche della vita delle persone che lo abitano. Immagina quali soggetti potrebbero far parte dell'Assemblea Sinodale Decanale.
- Riconosce quanto è già in atto di buono sul territorio, valorizza e fa conoscere presenze di Chiesa nei vari ambiti di vita quotidiana, rileva testimonianze significative di vita evangelica negli ambienti. Tutto questo verrà raccolto e raccontato nel *Libro delle buone notizie* che verrà consegnato all'inizio del cammino, ma che potrà essere condiviso anche sul portale della Diocesi *chiesadimilano.it.*
- Mentre ascolta e valorizza i "germogli di Chiesa" e intuisce le esigenze che la missione impone alla Chiesa del territorio, compie un cammino formativo fraterno con il sostegno della Consulta Diocesana Chiesa dalle genti.

Il Gruppo Barnaba **inizia ufficialmente il cammino domenica 17 ottobre 2021 in Duomo**. L'Arcivescovo presiederà l'eucaristia della Dedicazione della Chiesa

Cattedrale e darà il mandato con la consegna del *Libro delle buone notizie*. La data del 17 ottobre 2021 coincide con la celebrazione di inizio del Sinodo dei Vescovi e del cammino sinodale della Chiesa italiana.
Il lavoro di discernimento del Gruppo Barnaba durerà per tutto l'anno pastorale 2021/2022 e almeno fino a quando in ogni decanato, in dialogo con il vicario episcopale di zona, si costituirà l'Assemblea Sinodale Decanale.
Durante l'anno pastorale si prevedono momenti di incontro zonale e diocesano per condividere le intuizioni, le fatiche e le gioie.

NOTE PER L'ANNO SPECIALE "FAMIGLIA *AMORIS LAETITIA*"

UNA TROMBA DA SUONARE, UNA BROCCA DA ROMPERE

(*Gdc* 7: Gedeone e i suoi trecento)

Riconoscere la forza apostolica della famiglia,
custodirne il segreto,
alimentarne il rinnovamento annunciando il Vangelo
per la letizia dell'amore

Questa intenzione attraversi le nostre comunità nell'anno speciale "Famiglia *Amoris Laetitia*" e ne esca confermata, rinvigorita, condivisa. Il percorso formativo intorno al capitolo VIII di *Amoris Laetitia* ha visto la partecipazione di circa trecento fratelli e sorelle, disposti con passione apostolica a maturare sensibilità e competenza nell'accompagnare il discernimento e favorire la comunione ecclesiale di quanti vivono situazioni coniugali "ferite". Trecento… come quelli che il Signore indicò a Gedeone per affrontare i Madianiti: sproporzione sconcertante rispetto all'impresa di custodire la terra promessa. E, nell'operosa fiducia nella fedeltà di Dio, bastò suonare le trombe, bastò rompere le brocche che coprivano le torce. Anche noi così, senza paura, perché c'è di mezzo la terra promessa, quella della partecipazione grata e lieta alla vita stessa di Dio; terra promessa sempre minacciata dal nemico che nelle sue scorribande porta via la gioia del Vangelo. E il nemico rattrista, impaurisce, divide, occulta: anche in rapporto al matrimonio e al vissuto familiare.

1. Una tromba da suonare

Desideriamo suonare la bellezza dell'amore coniugale-familiare come frutto del Vangelo di Dio, insistendo sulle note della letizia impegnativa dell'amore che cresce nell'amore di Dio. Il "fiato nella tromba" viene innanzitutto da papa Francesco che ha indicato «un anno speciale per crescere nell'amore familiare» e ha

invitato «a uno slancio pastorale rinnovato e creativo per mettere la famiglia al centro dell'attenzione della Chiesa e della società» (*Angelus* del 14 marzo 2021).
Tutto converge verso la conclusione solenne che si celebrerà il 26 giugno 2022 in occasione dell'Incontro Mondiale delle Famiglie a Roma con papa Francesco. Esclusa, per motivi legati alla situazione sanitaria, la partecipazione massiccia delle famiglie, ci si attiverà per curare un adeguato accompagnamento dell'Incontro.
In quei giorni desideriamo cantare pubblicamente un riconoscimento grato del presidio di amore e cura garantito da innumerevoli famiglie nel tempo della pandemia: un corale tributo di gratitudine, un significativo evento diocesano con la partecipazione di un gran numero di famiglie, con toni festosi e insieme riflessivi, istruiti dal titolo dell'Incontro Mondiale *L'amore famigliare, vocazione e via di santità*, con il coinvolgimento di tutti i soggetti della Pastorale familiare diocesana, sia territoriali sia delle associazioni, dei movimenti e dei gruppi variamente interessati. Questo convenire diocesano avverrà sabato 18 giu-

gno 2022 in Piazza del Duomo (in prossimità, quasi vigiliare, dell'Incontro Mondiale di Roma).
A livello di Chiesa universale sono previste molte iniziative, proposte e sussidi per le Chiese locali, il tutto ritmato da dieci messaggi del Papa a commento dei capitoli di *Amoris Laetitia*. Tutti gli approfondimenti e i materiali sono via via resi disponibili sull'apposito sito del Dicastero vaticano per i Laici, la Famiglia e la Vita (www.laityfamilylife.va o www.amorislaetitia.va).

1. Grazie alle note preziose della presente Proposta pastorale, dedichiamoci a meditare i discorsi di Gesù nella Cena (*Gv* 13-16), il suo mandato ai discepoli, la sua preghiera (*Gv* 17). Gesù desidera questo dai suoi discepoli: che si lascino plasmare dalla gioia impegnativa dell'amore che si riceve da Dio, che cresce in lui e che di lui è testimonianza e annuncio. L'ascolto della Parola nello Spirito della verità sarà la sorgente viva per il diffuso investimento sulle iniziative relative.

2. L'anno speciale indetto da papa Francesco sia tempo propizio per una più aperta recezione di *Amoris*

Laetitia nella pastorale familiare ordinaria. A cinque anni dalla pubblicazione dell'esortazione apostolica verifichiamo e intensifichiamo il cammino, forse intrapreso con qualche timidezza e indolenza. L'impegno è innanzitutto quello di presentare sempre meglio il disegno di Dio sulla famiglia: è fonte di gioia e di speranza, **«è davvero una buona notizia»** (*AL* 1). Per la verifica e il rilancio ci si può avvalere degli strumenti approntati specificatamente sull'impronta di *Amoris Laetitia* per accompagnare la formazione degli operatori:

- *Due di loro erano in cammino 2017* (accompagnare alla celebrazione del sacramento del matrimonio).
- *Camminare insieme verso il matrimonio 2018* (indicazioni pastorali e attenzioni per la preparazione delle coppie al matrimonio cristiano).
- *Amoris Laetitia. Una "bussola" per orientare il cammino della Pastorale Familiare 2019* (prodotto dalla Consulta regionale lombarda per la Pastorale della Famiglia).
- *Artigiani dell'amore 2019* (accompagnare le coppie nei primi anni di matrimonio).

– *L'amore familiare vocazione e via di santità 2020* (itinerario spirituale per gruppi familiari).

Se, come suggerisce la Consulta regionale di Pastorale familiare, si tratta di «seminare ovunque il vangelo del matrimonio», sarà cosa buona promuovere la partecipazione al corso *per evangelizzatori di adulti*, organizzato dal Servizio per la Catechesi. Insieme, con creatività, integriamo nella catechesi battesimale, nell'Iniziazione Cristiana, con preadolescenti, adolescenti e giovani, nell'IRC, moduli formativi intonati ad *Amoris Laetitia*.

Curiamo con dolcezza ogni fatica e i drammi che segnano il vissuto coniugale e familiare, coniugando più apertamente l'annuncio del Vangelo sulla bellezza della famiglia con il sostegno e l'accompagnamento di crisi, povertà, bisogni. In questa prospettiva valorizziamo le realtà che lavorano sul territorio come artigiani della prossimità.

In particolare, il servizio offerto dai Consultori sia conosciuto e apprezzato quale cura di formazione e soccorso tra gli smarrimenti e i gemiti di tante famiglie, di tanti genitori, di tanti minori. Formando l'Assemblea dei partecipanti, le parrocchie dei decanati dove operano questi centri di assistenza alla vita familiare sono presenza essenziale per la vita dei Consultori: "partecipanti" proprio in quanto esse partecipano ai Consultori la loro passione per la dignità della relazione coniugale e familiare; e la partecipano perché essa prenda corpo, per il bene di tanti, in competenze e professionalità all'altezza delle attese e delle speranze della gente.

Per valorizzare le famiglie come soggetto dell'azione della Chiesa, il Servizio per la famiglia suggerisce ai referenti decanali di Pastorale familiare di progettare e organizzare nei rispettivi decanati momenti di formazione su *Amoris Laetitia*.

Le zone pastorali inoltre sono invitate a organizzare a livello locale un momento di festa (data indicativa 26/27 marzo 2022), in cammino verso l'Incontro Mondiale delle Famiglie.

L'anno speciale "Famiglia *Amoris Laetitia*" incoraggia le comunità a irrobustire l'attenzione a quanti sono prossimi al matrimonio e ai giovani in cammino nella scoperta della vocazione matrimoniale. Nel quadro

del percorso *Nati per amare*, promosso dal Servizio per la Famiglia, dalla Pastorale Giovanile e dall'Azione Cattolica, i giovani dialogheranno con l'Arcivescovo nella Basilica di Sant'Ambrogio l'11 febbraio 2022, in prossimità della festa di San Valentino.
In diocesi ha cominciato a lavorare una Commissione nonni per riconoscere e alimentare la presenza e il servizio di nonni e nonne all'interno della vita familiare, in specie sotto il profilo educativo. Momento particolarmente significativo sarà il Convegno Nonni sul tema *Nipoti, genitori e nonni: relazioni su cui si gioca il futuro*, fissato per sabato 2 ottobre 2021, con la presenza dell'Arcivescovo.

3. Secondo il Vangelo, la reciprocità, nell'amore fraterno e nella comune responsabilità per l'edificazione della Chiesa, caratterizza la relazione tra sposi, famiglie e clero. Per favorire questa reciprocità si intensificherà la collaborazione tra la Formazione Permanente del Clero e il Servizio per la Famiglia.

2. Una brocca da rompere: perché nella notte risplenda la luce

All'interno della complessiva illustrazione del Vangelo dell'amore coniugale/familiare e della sua gioia nell'orizzonte aperto da *Amoris Laetitia*, proseguiamo la formazione delle comunità, del clero e dei vari operatori pastorali intorno a quel capitolo VIII dell'esortazione apostolica che chiama ad accompagnare, discernere, integrare ogni vicenda segnata da fallimenti e fragilità. Nel solco del percorso formativo offerto negli ultimi due anni, secondo l'insegnamento della Chiesa e gli orientamenti dell'Arcivescovo, abbiamo ancora delle brocche da rompere perché la luce risplenda e stordisca il nemico, lo metta in fuga: lui, che viene a insidiare la pace della lieta comunione con il Signore nella terra promessa. Il nemico, rispetto all'insegnamento della Chiesa e agli orientamenti pastorali in proposito, prende corpo e voce nell'inerzia indispettita a fronte dell'invito ad accompagnare fratelli e sorelle in un discernimento il cui esito prevede molteplici forme di integrazione nella vita della comunità cristiana e nella sua azione fontale e culminante che è l'eucaristia. Il nemico che va affrontato con coraggio e pazienza sta nell'arroccamento in un "si è sempre fatto così".

Sarà fruttuoso per tutta la comunità ambrosiana l'utilizzo delle schede di sintesi del percorso formativo su *Amoris Laetitia* VIII realizzato negli ultimi due anni.
I vicari episcopali di zona e i decani solleciteranno le Fraternità del clero a immaginare momenti formativi durante l'anno usufruendo delle schede di sintesi.
A partire dalle stesse schede si offrirà un aggiornamento teologico-pastorale per i confessori di santuari e conventi particolarmente dedicati in Diocesi alla celebrazione del sacramento della penitenza.
Il Servizio per la Famiglia e i responsabili dei Gruppi ACOR aiuteranno le comunità a realizzare iniziative che promuovano la conoscenza dei Gruppi ACOR presso il popolo di Dio e, in particolare, presso il clero e una maggiore interazione tra Gruppi ACOR e gruppi familiari.

DATE IN EVIDENZA 2021/2022

1. **17 ottobre, domenica:** *Dedicazione della Chiesa cattedrale* - Avvio della consultazione per il Sinodo dei Vescovi; convocazione per il mandato dei Gruppi Barnaba, per il percorso verso l'Assemblea Sinodale Decanale.

2. **21-24 ottobre**, Taranto: 49ª Settimana Sociale dei Cattolici Italiani - *Il pianeta che speriamo.*

3. **23 ottobre, sabato:** Veglia *Redditio Symboli* (Milano, Basilica di S. Ambrogio, ore 17.30) e Veglia Missionaria Diocesana (Milano, Duomo, ore 20.45).

4. **30 aprile, sabato:** Beatificazione di Armida Barelli e di don Mario Ciceri (Milano, Duomo).

5. **18 giugno, sabato:** Incontro diocesano delle Famiglie.

APPENDICI

Finito di stampare nel mese di agosto 2021
presso Boniardi Grafiche – Milano